U0612878

全国帮扶产业高质量发展典型案例集

中国乡村振兴发展中心　组编

中国农业出版社

北　京

图书在版编目（CIP）数据

全国帮扶产业高质量发展典型案例集 / 中国乡村振兴发展中心组编. —北京：中国农业出版社，2024.12.
ISBN 978-7-109-33148-8

Ⅰ. F320.1

中国国家版本馆CIP数据核字第2025FA8104号

全国帮扶产业高质量发展典型案例集

QUANGUO BANGFU CHANYE GAOZHILIANG FAZHAN DIANXING ANLIJI

中国农业出版社出版

地址：北京市朝阳区麦子店街18号楼

邮编：100125

责任编辑：闫保荣

版式设计：小荷博睿　　责任校对：张雯婷

印刷：北京印刷集团有限责任公司

版次：2024年12月第1版

印次：2024年12月北京第1次印刷

发行：新华书店北京发行所

开本：700mm×1000mm 1/16

印张：13

字数：191千字

定价：98.00元

《全国帮扶产业高质量发展典型案例集》
编委会和编写组名单

编委会

主　任：罗朝立　谢中武

委　员（按姓氏笔画排序）：

门　冰　马俊茹　王晓杨　王　菁　朱谦礼　刘晶晶　苏　娟
杨　玲　范军武　高　勇　董　良

编写组

主 编 著：罗朝立　马俊茹

副主编著：刘　一　张　格　朱海波　计　晗　谢玲红　刘子萱
林　通　石钰竹　魏广成　吕志浩

编著人员（按姓氏笔画排序）：

王　涛　王海江　王慧贤　甘晓燕　左志金　田晨辉
田维秋　刘　伟　刘　青　刘建元　刘海洋　杨　冬
杨　庚　杨立本　李　欣　沈新忠　张　莉　张　敏
张广奇　张晨斌　陈　斌　陈少斌　陈泓伯　苟青芳
尚小方　房文君　唐飞翔　唐润涛　章璐贞　梁玉光
董小社　董建辉　褚　琦　熊四华

前 言
FOREWORD

  发展产业是巩固拓展脱贫攻坚成果的根本之策，管好用好帮扶项目资产是促进脱贫群众持续稳定增收的重要支撑。党的十八大以来，各地区各部门认真贯彻落实习近平总书记关于帮扶产业发展和项目资产管理的重要指示精神，持续加大对脱贫攻坚和衔接推进乡村振兴的投入力度，实施了大量帮扶产业项目，形成了规模庞大的项目资产，推动脱贫地区帮扶产业从弱到强、规模从小到大、链条从短到长，取得了积极成效。在农业农村部帮扶司指导下，中国乡村振兴发展中心组织力量对各地区经验做法进行了梳理，精选提炼出31个创新性、代表性、推广性强的典型案例，供各地学习借鉴参考。

  典型案例既有实践层面对帮扶产业发展重点领域和关键环节的有效探索，也有政策层面的体制机制创新，还有理论层面对乡村产业振兴普遍规律的认识把握。具体分为3个篇章：第一篇"帮扶产业高质量发展"，主要有聚焦主导产业，推动全产业链开发；深挖乡土价值，催生新产业新业态；多元主体联动，促进带农增收可持续；要素服务支撑，激发产业新动能等4个方面的10个典型案例。第二篇"帮扶产业'四个一批'分类推进",主要有推进帮扶产业"四个一批"分类发展的总体做法和从巩固、升级、盘活、调整4个方面分别推进的10个典型案例。第三篇"帮扶项目资产规范管理",主要有健全运行管理机制,创新运营管护模式,加强动态监测管理等3个方面的11个典型案例。

目 录
CONTENTS

第三篇　帮扶项目资产规范管理

第一篇
帮扶产业高质量发展

习近平总书记指出，"巩固拓展脱贫攻坚成果，要更多依靠产业发展，不断增强内生发展动力""脱贫地区产业帮扶还要继续，补上技术、设施、营销等短板，促进产业提档升级"。帮扶产业发展，关系到脱贫群众持续增收，关系到脱贫地区长远发展，必须将其作为巩固拓展脱贫攻坚成果、增强脱贫地区和脱贫群众内生发展动力的关键举措，持续用力抓紧抓好。

新形势下推动帮扶产业高质量发展，要坚持市场导向，尊重经济规律，重点从以下方面发力：**一是聚焦主导产业，推动全产业链开发**。立足县域主导产业，投资产业链关键环节，补齐农产品加工储运短板，打造产品品牌，推进产业集聚发展，实现县域全产业链开发和价值链提升。**二是深挖乡土价值，催生新产业新业态**。依托农业农村特色资源，开发农业多种功能，挖掘乡村多元价值，促进农村一二三产业融合，发展庭院经济、乡村民宿、研学康养、文化体验、直播电商等新产业新业态。**三是多元主体联动，促进带农增收可持续**。通过推动龙头企业、农民合作社、家庭农场、村集体经济组织、小农户等各类主体组织创新，构建激励相容的合作机制，带动农户增收致富，促成多方共赢。**四是要素服务支撑，激发产业新动能**。通过资金、人才、科技等要素注入以及配套政策和服务创新，提高帮扶产业项目运营水平，激发帮扶产业发展新活力、新动能。

河北涞源县：
全产业链联农带农
"金鸡"唱响致富路

摘 要 河北涞源县坚决贯彻落实习近平总书记关于"持续巩固拓展脱贫攻坚成果，扎实有力推进乡村全面振兴"的重要指示批示精神，把发展特色产业作为根本之策，因地制宜、科学谋划现代养殖产业布局，创新"五统一、三固定、五带动"委托饲养模式，构建"五加"带"四权"的利益联结机制，举全县之力打造集肉鸡育种和孵化、生鸡饲养和屠宰、冷链物流和熟食加工、饲料和有机肥生产为一体的全产业链条，使之成为该县脱贫摘帽和推进乡村振兴的"压舱石"和"助推器"，被百姓亲切地称为脱贫致富的"金鸡"。

一 案例背景

涞源县是原国家扶贫开发工作重点县和燕山—太行山连片特困地区重点县，交通闭塞、土地贫瘠、地广人稀等客观因素严重制约了县域经济发展和群众增收。作为典型的"八山一水一分田"地区，涞源农业"春旱夏雹秋早霜、一年一茬靠天收"，成为阻碍农民脱贫致富的"瓶颈"。脱贫攻坚战打响后，涞源县立足自然资源禀赋，经过科学论证，将肉鸡养殖确立为县域富民工程之一，并制定了《涞源县"十四五"乡村特色产业发展规划》《"两养一种"产业规划》。

通过多渠道招商引资、多地区考察论证、多轮次洽谈会商，2018年3月，涞源县与河北玖兴农牧发展有限公司（以下简称"玖兴农牧"）签订《战略合作协议》，确定"政府投资建基地""公司投资建工厂"的"风险共担、利益共享"合作模式。县政府投资13.6亿元建设年出栏8100万只肉鸡的养殖场437座，玖兴农牧投资建设食品加工厂（含屠宰厂和熟食加工厂）、饲料加工厂、孵化厂、有机肥厂等配套项目，从育种培育饲养，到屠宰加工、饲料生产、冷链物流、有机肥加工，全产业链整体推进，覆盖涞源县全部乡镇的261个村，年出栏量突破9000万只，每年产生收益1.62亿元，直接带动3000余人"家门口"就业，间接带动上万人增收致富，为涞源县脱贫摘帽和乡村振兴提供了重要支撑。

二 做法成效

（一）强化顶层设计，培育产业发展新模式

一是政府引导让产业立起来。涞源县充分发挥政府主导、企业主体、市场运作机制作用，科学统筹帮扶资金，优先保障玖兴养殖项目建设，仅用8年时间建成了437座高标准、现代化、智能化分散养殖场及配套附属设施，为打造玖兴养鸡全产业链条蓄势赋能。**二是企业驱动让产业活起来。**玖兴农牧入驻涞源后，坚持以市场需求为导向，以联农带农为中心，科学谋划产业链配套建设规划，累计投资10.71亿元，建成年屠宰1.4亿只玖兴肉鸡屠宰厂和调理品车间（中央厨房项目）、年产100万吨的饲料加工厂、年产2亿羽的商品代雏鸡孵化厂、年产300万套父母代肉鸡育种基地、年产10万吨有机肥厂等项目，肉鸡养殖在涞源实现全产业链条闭环运行，日屠宰肉鸡47万只，单厂单日产能处于全国领先水平。**三是政企联动让产业强起来。**涞源县委、县政府始终高度重视产业发展，成立肉鸡养殖项目推进专班，各乡镇、各部门协调联动，通力配合，举全县之力推动产业发展壮大。玖兴农牧坚持"生态平衡、安全环保、优质高产"理念，引进国际领先技术设备，实现质量全过程控制、生产自动化控制、标准智能化控制。2023年以玖兴饲料、孵化项目为主导产业的金家井乡获批国家农业产业强镇，同年被农业农村部认定为农业农村信息化示范基地。

▲ 玖兴肉鸡狮子峪分散养殖基地

（二）强化创新创造，打造产业带动新路径

一是"五统一、三固定、五带动"，委托饲养趟出新路子。"五统一"即统一供应雏鸡、统一供应兽药、统一供应饲料、统一技术服务、统一回收结算。"三固定"，即固定雏鸡价格、固定饲料价格、固定回收价格。"五带动"，即带动有劳动能力的脱贫户通过技术培训直接参与生产，解决就业；到村鸡舍带动脱贫户获得收益分红；采购当地玉米等农作物加工饲料带动脱贫户获得收入；参与饲料、雏鸡等物流运输带动脱贫户就业；发展深加工、市场销售、有机肥加工、饲料加工销售等多位一体的畜牧业循环，带动全县农业产业有序健康发展。委托饲养模式实现了"龙头企业管市场、生产基地进农村、企业自主担风险、养殖户稳定获收益"。玖兴肉鸡养殖项目实施以来，累计出栏肉鸡2.42亿只，合作社获得养殖收益5.21亿元，18 943户脱贫户41 844人获得分红收益，带动脱贫人口户均年增收3 000元以上。**二是"五加"带"四权"，利益联结走出新路子**。采取"龙头企业＋基地＋村'两委'＋合作社＋脱贫户"的"五加"模式，实现了由"资金到户"向"效益到户"转变，有效防止了资产闲置流失，保障了帮扶资金资产保值增值。"五加"模式明确了帮扶产业"四权"（帮

扶资金建设的养殖场所有权归村集体；村"两委"委托合作社进行生产，合作社享有经营权；合作社脱贫户社员享有收益权；县级财政、纪委监委、审计等部门及各乡镇人民政府依法依规行使监督权）。与此同时，玖兴农牧负责市场供销，有效弥补村级合作社和脱贫户在生产经营方面的短板和不足。截至2024年10月底，玖兴农牧（涞源）有限公司在职员工2 200余人，累计支付工资4.34亿元，月人均工资4 500元以上。同时，通过合作养殖、饲料基地种植、销售、物流、服务等间接带动1.2万人增收。**三是折股量化赋能，集体经济闯出新路子。**玖兴肉鸡养殖产业由村党支部牵头组建合作社，将财政投入帮扶资金转为村集体和脱贫户持有的资本金，折股量化到户，由合作社统一支配使用，从而健全了集体资产管理制度，实现"脱贫产业、集体经济、农户增收"三者有机结合。合作社负责养殖企业日常管理运营，群众按股分红、年终盈利，实现脱贫人口投入最小化、效益最大化。此外，合作社还积极探索设立养老孝亲、大病医疗、教育树人等集体基金，增加小型公益事业、公益岗、奖补等集体支出，不断提升农户的获得感和幸福感。2024年玖兴养鸡项目合作社收入预计可突破1.2亿元。

▲ 玖兴养鸡合作社脱贫户社员分红现场

（三）强化头雁引领，赋能和美乡村新颜值

一是实现产业格局新发展。玖兴肉鸡养殖项目深入挖掘肉鸡全产业链多元价值，逐步建成种鸡繁育、商品雏鸡孵化、饲料生产、商品肉鸡养殖、屠宰加工、冷链运输、熟食深加工、生物有机肥生产于一体的全产业链。玖兴农牧先后荣获"农业产业化国家重点龙头企业""全国脱贫攻坚考察点""全国民族特需商品定点生产企业""全国巾帼建功先进集体""中国农业企业500强"等荣誉称号，品牌效应加速聚集，为促进县域经济高质量发展注入强劲动力。**二是实现生活方式新改变。**玖兴肉鸡养殖项目方兴未艾，群众增收信心愈发高涨，公共服务、文化建设、教育医疗水平不断提升，群众生活发生翻天覆地变化，辛勤劳动致富成为新主流，干净卫生美丽成为新时尚，家庭有希望、健康有保障成为新常态。**三是实现党群关系新提升。**玖兴肉鸡养殖项目是涞源深化农业产业现代化的生动缩影，通过各项政策的落地落实，群众得到了真金白银的帮扶、见到了真真切切的变化，发自内心地感党恩、听党话、跟党走，党群干群关系不断融洽，鱼水关系更加彰显。

▲ 玖兴农牧饲料加工厂和孵化场

三 经验启示

（一）党的领导是"压舱石"

党的领导是确保脱贫攻坚成果持续巩固拓展、乡村全面振兴战略扎实推进的有力支撑和坚实保障。必须严格实行各级党委书记负责制，落实各地属地责任和部门职能责任，夯实组织基础，改进工作作风，让党旗在巩固拓展脱贫攻坚成果、推进乡村全面振兴路上高高飘扬。

（二）顶层设计是"定盘星"

涞源县肉鸡养殖产业依托顶层设计在实践中不断发展壮大。产业规划阶段，涞源县就确立了肉鸡养殖产业试点示范、全域推广"两步走"的发展路径，成功将玖兴养鸡项目打造为涞源覆盖面最广、带动质量最优的产业化项目，实践证明这一发展路径具有纠错纠偏、明晰思路、增强信心、高效带动的作用。

（三）政企合作是"助推器"

政府主导、企业主体、市场运作能最大限度实现优势互补、互利共赢。政府应积极摸清底数，做好长远规划，积极在企业与地区之间"牵线搭桥"，为产业发展谋划导向。企业应主动承担社会责任，树牢情怀，主动担当，积极为国家乡村振兴战略出谋划策、分忧解难。

（四）内生动力是"发动机"

增强脱贫地区和脱贫群众内生动力和发展能力，是实现巩固拓展脱贫攻坚成果同乡村振兴有效衔接的必然要求。脱贫地区发展要靠内生动力，关键是要构建企业和村社激励相容的利益联结机制。只有充分调动农村集体经济组织、合作社、农民等利益相关主体的积极性，才能促进脱贫群众广泛参与和维护帮扶产业可持续发展，实现产业增活力、农民增收入的共赢。

山西平顺县：

立足优势 "四链"联动
打造百亿"摇钱树"

摘 要 近年来，山西平顺县依托全国著名中药材"北药"主产区、上党中药材中国特色农产品优势区，以创建国家现代农业产业园为契机，强化科技投入，加大龙头带动，优化产业布局，推动中药材全产业链发展，并成功申报"平顺潞党参""平顺连翘"等国家地理标志农产品，进一步擦亮叫响"平顺中药材"金字招牌，以产业振兴推进乡村全面振兴。截至目前，全县中药材面积达67.07万亩*，年产值达4.5亿元，直接带动3.5万脱贫群众年均增收6 300元，中药材已成为群众增收致富的"摇钱树"。

一 案例背景

平顺县位于山西省东南部、太行山南端、晋冀豫三省交界处，全县总面积1 550平方公里，辖5镇6乡、151个行政村，总人口15万，是著名全国劳模、一至十三届全国人大代表、全国脱贫攻坚奋进奖、共和国勋章获得者申纪兰的家乡。平顺属温带大陆性气候，境内山地丘陵占到97%以上，山大坡广，海拔落差大，小气候多样，区域化差异十分明显，中药材资源丰富。全县有动植物

*　1亩＝1/15公顷。

类中药材300多种，大宗中药材67种，有潞党参、连翘、柴胡、黄芩、欧李、山桃等道地中药材10多种，是"中国大红袍花椒之乡""潞党参正宗原产地"。平顺县中药材种植历史悠久，但产业发展起步晚、时间短、经验少，规范化、规模化种植水平比较低，产业链条不全，产品附加值较低。近年来，平顺县聚焦"建链、强链、壮链、补链"，激发"链"式效应，延伸产业链、提升价值链、融通供应链，大力推进中药材产业全链条发展，进一步擦亮叫响了"平顺中药材"金字招牌，鼓起了群众的"钱袋子"。

 做法成效

（一）坚持"五化"联动，延伸产业链

一是科学化种植。研究制定了"有机质银行"机制，与浙江森井生物技术股份有限公司就改良中药材土地质量、保障中药材品质进行深入合作，实施有机肥替代化肥补助政策，落实测土配方措施，提高土壤有机质含量，改善提升土地地力。持续做大种植规模，采取大田轮作、粮药间作、退耕还林、造林间种、林下种植、野生抚育等方式，建设潞党参标准化种植基地2万亩、仿野生种植基地1万亩，连翘标准化种植基地4万亩、标准化抚育面积40万亩。**二是多元化加工。**支持振东集团、正来制药2家制药龙头企业、12家中药材初加工企业、28家初加工专业合作社发展壮大，培育"龙头企业+中小企业+合作社"梯次增值的多元加工模式。其中，龙头企业主打潞党参口服液、复方灵芝健脑胶囊、连翘叶茶、党参酒等精深加工产品，中小企业主打党参脯、党参膏、党参粉、党参茶等初深加工产品，合作社主打米炒党参、党参切片等初加工产品。县域内中药材加工转化率达90%，加工产值达13.16亿元，农业企业税收536万元。**三是电商化营销。**全县发展电商企业15家，网商、微商400余家，建成"1部+10站+50个联系点"的县乡村三级中药材电商购销网络，培育200名电商销售本土人才，形成"线上线下""内引外联"的中药材产品营销体系，2023年中药材线上单品交易额达560万元。**四是现代化仓储。**综合采用企业自建、财政奖补、联合建设等方式，加快补齐仓储保鲜冷链短板。支持振东道地

连翘公司建成恒温库、冷藏库、成品库8万平方米，仓储能力达2.6万吨，冷链仓储物流能力达3.4万吨。支持麦丰农业公司联合13家合作社建设仓储冷链库1.7万立方米，初步构建了农产品冷链物流服务体系。**五是农旅化发展**。实施"中药材＋"战略，推进中药材与旅游、休闲、康养等产业融合发展，建设振东芦芽特色康养小镇、龙镇潞党参特色文化小镇、平顺药茶文化体验园，打造旅游专业村30个、农家旅社300余家，神龙湾、张家凹、秦光等村被评为国家级乡村旅游模范村。2023年接待游客130万人次，旅游收入达5.75亿元。

▲ 龙溪镇淙上村万亩潞党参种植基地

（二）坚持品质提升，做强品牌链

　　一是保护道地资源。经农业农村部批准，建设全国唯一潞党参原生境保护区，建成全国党参种质资源圃和5省23个野生连翘种质资源圃，确保药材道地性。制定了潞党参仿野生种植技术标准，推广仿野生种植1万亩。编制《潞党参病虫害绿色防控技术》，推广间作倒茬、集雨水窖、诱虫黄蓝板等26项绿色生产技术。严控农药使用量，2023年农药施用量仅0.03公斤/亩。**二是强化科技支撑**。平顺县与山西中医药大学签订校地合作协议，特聘山西医科大学教授担任全县中药材产业和产业园创建首席顾问，与山西省医药与生命科学院研究所共同制定了党参组培苗生产技术规程山西标准。投入新品种新技术研发引进推广经费1 000余万元，完成党参专用生物肥料、连翘野生关键技术、道地青翘炮制加工技术研究等10个科研成果。其中，连翘野生关键技术研究被鉴定为国际先进，青翘杀青干燥一体机获得国家专利。**三是打造道地品牌。**"平顺潞党参""平顺连翘"通过农业农村部农产品地理标志认证。成功注册"平顺大红袍花椒（干花椒）""平顺大红袍花椒（花椒粉）""平顺党参""平顺连翘""平顺马铃薯""平顺核桃"等地理标志证明商标，"平顺旱地西红柿""平顺黄芪"正在积极申报。**四是严抓质量安全。**积极申报全省农产品质量安全县，建成了1个农产品综合检验检测中心、11个农产品质量安全检测站，与企业、合作社、种养大户签订农产品质量安全承诺书，实行产加销全过程质量安全监管。依托平顺中药材数字化平台，建设覆盖育苗、移栽、除草、采收、加工、储藏、运输、销售等8个环节的全程质量安全可追溯体系，树立道地中药材正宗品牌形象。

（三）坚持创新模式，优化利益链

一是探索产业化联合体保险模式。支持"链主"企业振东集团牵头成立首个省财政支持的中药材产业化联合体，创新开展了潞党参、连翘种植成本和目标价格保险，即市场价格高于企业与农户签订的收购合同价格时，由保险公司赔偿收购差价。该模式既能帮助产业化联合体抵御市场风险，又显著调动了农户种植中药材的积极性，2023年价格保险涉及种植户6 146户，保险赔付1 021万元。2023年企业与农户签订连翘收购协议扩大到25万亩、党参扩大到1万亩，保险公司提供保险额度由2.2亿元提高到3亿元，每户增加收益2 000余元。**二是创新"村企共建"带农模式。**按照"村企共建、联动发展、农业增产、农民增收"思路，鼓励中药材种植专业村成立公司，通过流转土地、造田增地、返租倒包等方式，扩大中药材生产规模。其中，龙镇村党支部书记发起成立鑫源公司并担任董事长，带领村集体成立潞党参、香菇、养殖3个合作社，推进药菌种养循环发展，惠及农户300余户，户均增收6 000多元。**三是推广"合作社+农户"经营模式。**支持成长性好、辐射能力强的合作社建立潞党参示范基地，带领农户发展三年生优质潞党参，建设中药材加工标准化厂房，采用"入社参股、按股分红"方式，带动社员致富。其中，金山谷合作社开展优质潞党参"私人订制"，注册"东彰—微商村""太行金山谷""风子岭"商标，带动159户农户长期生产，提升了农户以品质占领市场的信心。**四是实行"龙头企业＋农户"就业模式。**支持龙头企业建设中药材试验示范基地，为农户提供标准种苗和技术支持，劳务雇佣3 300余人从事田间管理、中药材购销和精深加工，联结带动农户1.2万户，促进农民就近就业、稳定增收。依托广电总局、阿里巴巴帮扶平顺的有利条件，推进农民变主播、农村变微商村，建成15个微商村、150个乡村电商服务站点，发展农副土特产品20个品种100余款，带动5.1万农民从电商发展中受益。

▲ 中药材收到家致富农民笑开花

（四）坚持要素保障，补齐政策链

一是加大财政扶持。专门制定《统筹整合涉农资金实施方案》《产业发展奖补办法》等财政扶持政策，2023年投入地方财政资金1.2亿元，重点支持现代农业产业园道路、高标准农田、水土保持综合治理等基础设施建设，鼓励正来、振东等企业加大投入，新建潞党参口服液、年生产60吨的药茶生产线等项目，全力扶持中药材产业发展。**二是强化金融支农**。制定出台《关于对中药材产业发展提供金融扶持的实施办法》，投入2 000万元财政专项资金，撬动商业银行贷款2亿元，重点支持基地建设、初深加工、产品研发、仓储物流等。推出"新农贷""富民贷""强民贷""兴药贷"等金融产品，政府担保全额贴息3 673.9万元，撬动金融贷款5.97亿元。

▲ 山西正来潞党参口服液

 **经验启示**

（一）全局谋划是前提

科学规划是推动帮扶产业高质量可持续发展的重要前提。立足自身优势，找准支撑点、发力点，平顺县站在全国角度谋划中药材产业，在上级党委政府的关心指导下，在农业农村、工信等相关部门的鼎力支持下，广泛带动中药材产业集群化发展，为全县经济高质量发展注入动力和活力。

（二）吃透政策是关键

政策是推动帮扶产业发展的重要保障，是提高脱贫户收入的有效手段，也是提升产业水平、促进产业兴旺的有力抓手。平顺县在实际工作中学好吃透中药材产业发展相关政策，立足实际，放大优势，锻造长板，精准对接上级部门和有关专家，用足用好扶持政策，推动上党中药材专业镇上规模、提质量、增效益。

（三）品牌铸造是保障

加强农产品区域公用品牌建设对于脱贫地区产业升级、巩固拓展脱贫攻坚成果具有重要促进作用。平顺县每年安排专项资金支持品牌创建，定期在中央、省、市媒体上为上党中药材打广告、做宣传，引导农户、企业增强品牌创建意识，不断擦亮"平顺潞党参""平顺连翘"等国家农产品地理标志，持续新增"三品一标"产品，把上党中药材打造成全国驰名商标。

（四）延链展链是核心

拓宽农业全产业链是发展壮大帮扶产业的有力抓手。平顺县通过做强产业链、畅通供应链、提升价值链，推动中药材从种苗抚育到技术输出。从规模种植到精深加工，从设备生产到物流配送，从文化旅游到科创研发，实现了产业链融合发展，形成了区域化布局、专业化生产、一体化经营、社会化服务、工业化管理的产业发展格局。着力打造了百亿级中药材产业，推进生态和产业相互融合、联动发展，促进连翘产业与休闲农业有机结合，实现了山增绿、景增亮、民增收的生动局面。

黑龙江林甸县：

做大做强"牛经济"
让脱贫人口生活更"牛气"

摘 要 为进一步促进产业振兴，保障脱贫人口稳定增收，黑龙江林甸县紧握"农头工尾"金钥匙，通过强化龙头引领，加速规模化集约化转型，延伸产业链条，狠抓各环节"优质化"提升，将现代奶业打造为林甸经济高质量发展的"主引擎"和促进农民增收、集体经济壮大的"强抓手"。林甸县推动县域主导产业转型发展的有效经验对广大脱贫地区具有重要启示意义。

一 案例背景

习近平总书记强调，"要因地制宜大力发展特色产业，推进农村一二三产业融合发展，拓宽农民增收致富渠道""乡村振兴要靠产业，各地要各展其长，走适合自己的振兴道路"。如何顺应市场发展并满足群众需求，科学培育壮大县域主导产业，带动群众长效稳定增收，是林甸县委、县政府在脱贫攻坚和全面推进乡村振兴期间的紧要任务和头等大事。立足资源丰富先天优势、奶牛养殖历史优势、脱贫县帮扶政策优势，林甸县把现代奶牛产业作为促进经济发展的重要引擎、推动乡村全面振兴的核心支柱、带动脱贫群众增收和壮大村集体经济的有效抓手，在资金要素、运营模式、养殖技术、政策优惠等方面加大扶持力度，通过引建伊利龙头企业、加速传统牧业转型升级、推进奶业扩规提能、延伸产业链条等"四管齐下"，打造优质奶源核心基地，全面构建全链条、全要素奶牛产业集群，走出了一条具有林甸特色的现代奶业发展之路。截至目前，林甸县存栏奶牛超过10万头，日交售商品奶突破1 000吨，规模牧场数量、日交售鲜奶量位居全省第一、全国前列，4 000户脱贫户和48个村累计获得收益近9 000万元，全县脱贫群众人均年纯收入达18 306元，经验做法多次被国家和省级主流媒体报道。

做法成效

（一）适应新需求，以新龙头增强现代奶业竞争力

坚持以市场需求为导向，聚焦消费者对品质消费的追求，以创新迎合市场，以品质撬动市场，以质量占领市场，在项目用地、要素保障、基础设施配套等方面给予最大限度扶持，全力助推龙头企业改造升级。2018年，伊利乳业公司投资26亿元，在林甸县打造东北地区最大的液态奶生产基地，随着龙头

▲ 林甸县生产的伊利金典有机纯牛奶，其品质广受市场认可

企业落地生根，进一步吸引配套企业落地入驻。基地全部达产后，液态奶日产能可达2 000吨。2023年末，实现产值32.3亿元，纳税0.7亿元，带动就业约3 000人，为县域经济发展注入源头活水。伊利乳业公司积极落实有机奶国标、欧盟、原产地认证，采用ISO 9001标准及GMP、SSOP管理体系，推动产品由优酸乳、纯牛奶、学生奶、早餐奶系列，向金典、安慕希等高端奶转型，倾力打造优质产品，全面增强现代奶业竞争力。

（二）找准突破口，以新思维引领现代奶业转型升级

规模化、集约化、现代化养殖是现代奶业发展的必然趋势，是奶业转型升级的"突破口"。林甸县积极引导奶牛牧场扩群增量，真正实现从庭院养殖向专业化、规模化和标准化养殖转变。先后出台了《林甸县"十四五"奶牛产业发展规划》《关于建设奶业强县的实施意见》《林甸县良种奶牛生产繁育基地建设的实施意见》等扶持政策，进一步规范和推动奶牛牧场规模发展。林甸县不断强化县级政府投入和社会资本"双轮驱动"，聚力招大引强，吸引优然、新合等牧场投资主体17个，撬动社会资本15亿元，有效拉动奶牛牧场规模发展。目前，全县奶牛牧场共计33个，万头牧场3个、5 000头规模牧场6个，存栏奶牛超过10万头，日交售商品奶突破1 000吨，规模牧场数量、日交售鲜奶量位居全省第一、全国前列。

（三）抓住关键点，以新举措提高现代奶业发展水平

牢牢抓住"优质"这一关键点，不断强化奶业发展的技术支撑和质量监管，有效提升奶源质量，全力守住安全底线。在"种好草"上，大力推广青贮玉米种植，采取TMR饲喂技术，严把饲喂源头质量关。在"养好牛"上，积极推广使用一牧云系统，建立了奶牛信息管理平台，实现远程监控管理，有效提高奶牛科学饲养水平，防疫应免尽免密度达100%。在"产好奶"上，积极引导牧场应用DHI测试技术，脂肪、蛋白、干物质理化指标均高于欧盟标准，3万微生物和25万体细胞合格率均达到100%。在"严监管"上，实现TMR饲喂、挤奶全程监控，运奶车GPS定位全覆盖，加大奶样检测频次和密度，确

保生鲜乳从生产到运输各个环节的质量安全。在"育良种"上，使用优质进口冻精和性控冻精，基础母牛进口性控冻精参配率达100%，奶牛良种化率达到100%。

（四）聚焦稳增收，以新模式提升现代奶业带动能力

将现代奶业产业链条延伸到村到户，与脱贫户增收、壮大村集体经济深度融合，实现奶牛牧场、脱贫户、村集体"三赢"。在扶持户营经济方面，采取政府搭桥、金融部门支持、牧场托养、脱贫户出资、政府贴息等方式，创建了"4+"（政府＋金融部门＋奶牛牧场＋脱贫户）奶牛项目帮扶模式，实现脱贫户全覆盖。2017年以来，累计带动脱贫户实现增收5 000余万元。2023年，全县脱贫群众人均纯收入18 306元，同比增长10.9%。在壮大农村集体经济方面，2019年以来，精准投放涉农整合资金1.9亿元，实施了奶牛资产收益和奶牛牧场扩建项目，不仅帮助奶牛牧场扩大了养殖规模，而且为48个村集体带来3 800余万元的收入，让村集体有更多的钱办实事、做好事、解难事。目前，83个村集体收入均超过50万元，其中，超百万的村75个，占比90.4%，走在全省前列。帮扶产业联农带农、壮大村集体经济的做法成效被新华社及内参、经济参考报报道刊发。

 经验启示

（一）筑"巢"引"凤"和上下游产业配套，实现产业集群扎根持久

林甸县依托雄厚的奶牛业发展优势，通过招商引资，成功引进伊利乳业落户林甸县，将资源优势转化为发展优势，形成了养殖业和加工业相互依托、同步提升的发展新格局。同时，又在工业园区建设了高端液态奶加工基地，为奶业转型升级提供了强劲引擎。

（二）质量优先和科技赋能，助推产业不断升级

针对过去奶牛散养技术含量低下、管理水平较差、质量效益不高等问题，

林甸县紧紧抓住政策机遇，积极推动分散养殖向集约养殖转变，在产业链各环节强化质量优先理念，并辅以先进科技手段为支撑，逐步推动奶牛产业由小到大、由弱到强的转变，并成为助力县域经济发展和群众增收的新增长点。

（三）"保姆式"服务和立体化支撑，保障产业快速发展和农民持续增收

林甸县在政策落地、资金支持、技术服务等方面，为奶牛牧场提供"保姆式"服务，有效推动了奶牛养殖和牛奶产能的跨越式增长。同时，在县委、县政府引导支持下，奶牛牧场大力推行"4+"奶牛项目帮扶模式和奶牛资产收益项目联村模式，保障了脱贫户和村集体持续增收。

浙江江山市：
多元主体抱团发展
特色养殖实现村强民富

摘　要　近年来，浙江江山市立足坛石镇本地畜禽养殖支柱产业，积极争取乡村振兴综合试点项目政策支持，推进全市30个省级乡村振兴帮促村联合龙头企业汇农公司，合作打造江山市翰音农业产业基地，形成"养殖+生产+文化+科研+餐饮+旅游"于一体的全产业链。江山市以项目共建破解村村发展不平衡、单村发展空间窄的难题，不断做优特色产业链、做强村集体经济链、做长利益联结链，提升低收入农户及脱贫地区内生发展动力，以点带面推动乡村振兴。

一　案例背景

坛石镇位于浙江省衢州市江山市，素有"八山半水半路一分田"之称。本地畜禽养殖总体规模大，拥有多个浙江省内知名的"鸡司令""鸭司令"，年出产家禽量约263万余羽。但境内村集体经济发展不均，既没有产业，也没有资源，如何实现区域共富亟待解决。为此，坛石镇坚持"资源共享、村村联动、全域共建、三方共赢"的原则，推动镇内8个省级重点帮促村与江山市其他22个省级重点帮促村合作，联合蛋鸡龙头企业浙江汇农农业开发有限公司，谋划江山市翰音农业产业基地项目。2021年，该项目作为乡村振兴综合试点项目代表江山市参加省评审立项，成功争取省级补助资金3 000万元。江山市30个省级重点帮促村联合成立江山翰音农业科技开发有限公司，与浙江汇农农业开发有限公司共同开展项目实施与运营。项目位于坛石镇占塘村大石山，总投资4 200万元，总用地62.5亩，现规划建设用地约15亩，总建筑面积约15 500平方米。建设集蛋品加工区、饲料加工区、研发及金鸡小镇展示馆于一体的综合性产业基地。

 ## 二 做法成效

（一）村村联盟挖潜力

坛石镇地处半山区，资源相对较少，单个村发展项目难。为此，全镇上下锚定打造"城市后花园"的发展定位，组织开展"坛石发展怎么办？怎么干？""干群夜话"等活动，共谋发展。坛石镇打破村村各自为战的发展格局，通过党建引领，组建多村联盟，推动全市30个村联合成立江山市翰音农业科技开发有限公司，作为出资和收益分配主体。各村自筹资金10万元入股，省级财政专项资金及市级财政专项资金折股量化到全市30个重点帮促村。由于项目由坛石镇牵头实施，因此，省级财政专项资金的50%折股到坛石镇8个重点帮促村，余下资金由其他22个村平均分配。项目建成后，30个重点帮促村每年按照出资比例获得兜底固定收益。各村资源合作共享，解决了有项目没资源、有资源没项目的矛盾。

（二）村企合作增活力

以现代农业产业基地为发力点、突破口，紧抓龙头企业"链头"作用，积极引导企业投资，拓宽市场优势转化通道。**一是项目建设齐发力**。由坛石镇提供土地并建设标准化鸡舍及配套设施。龙头企业浙江汇农农业开发有限公司进行协作指导，帮助引进荷兰及丹麦全套进口蛋品加工设备，打造饲料供给、蛋鸡养殖、蛋品加工、有机肥生产、鸡肉深加工全产业链条。**二是项目收益共分**

配。项目建成后，由浙江汇农农业开发有限公司承包经营15年，30个重点帮促村集体按照出资比例获得每年兜底固定收益总额约295万元，资金回报率达8.2%。**三是项目品牌同打造**。依托汇农公司技术、市场等优势，有效降低产品在原料、库存、流通等方面的生产成本，提升和发展当地蛋品深加工产业技术水平，提高蛋类产品附加值，打响坛石养殖金品牌。

▲ 基地厂房外观

（三）数智赋能提效力

一是配套智能化设备。引进现代化养殖技术，主要建设包括蛋品分级包装生产线、保洁蛋生产线等配套设施。引进荷兰及丹麦全套进口蛋品加工设备，实现日处理壳蛋150万枚，年生产高品质鲜蛋2.5万吨，液蛋产品5 000吨产能。**二是建立研发及检测中心**。与中国农业大学等高校机构合作建设蛋鸡研究院，建立"产、学、研"相结合的研究平台，以畜禽饲料研发生产，标准化、自动化养殖技术，种鸡选育等方面技术研究为主攻方向，确保生产全程有标准，可控制，提升现代化养殖水平。**三是开展数字化管理**。采用现代化、智能化生产方式，在养殖周期管理、自动饲喂、防疫消毒、养殖溯源等环节实现全过程管理，使科学饲养各项标准得以精准执行，提高养殖运行管理效率。

（四）区域发展加实力

围绕"政府搭台、政策引导、市场运作、多方共赢"的总体目标，全程为"共富项目"提供服务，横向打通资源孤岛，纵向畅通沟通渠道。**一是建立综合性全周期农业全产业链**。依托养鸡龙头企业浙江汇农农业开发有限公司的技术、市场等优势，引进荷兰及丹麦全套进口蛋品加工设备，打造饲料供给、蛋鸡养殖、蛋品加工、有机肥生产、鸡肉深加工全产业链条，促进江山市养殖业整体发展和综合竞争力。**二是打造养殖产业现代化标杆地**。以研发和检测中心为支点，提升全市蛋鸡养殖相关产业研发水平，使蛋鸡养殖行业朝更标准化、自动化迈进，形成引领带动作用，让江山市蛋鸡养殖行业成为全省"领跑者"。**三是促进农业特色产业集群发展**。翰音产业基地项目与浙江汇农80万蛋鸡生态示范园项目、横渡村蛋鸡项目形成农业产业集群，进一步促进坛石镇的畜禽养殖产业、加工产业、农业和生态环境资源整合，推动蛋鸡养殖从传统型向现代化转型。

（五）联农带农添动力

一是推进"建厂吸纳"。项目投产后，优先为坛石镇及周边乡镇各村有劳动能力的低收入农户提供岗位，目前带动周边地区100余人就业，基地工作人员平均年工资可达到4万～6万元。项目实施后，以自身经营为支撑，以社会化服务组织为纽带，利用帮带、培训、服务等措施，为周边农户提供技术支持。**二是推进"平台反哺"**。向30个重点帮促村1 458户低收入农户免费赠送20羽鸡苗，预计为每户每年带来3 000元的收益。利用企业自身销售渠道和后期预建设的电商销售中心，实现线上线下相结合，帮助低收入农户打通蛋鸡、鸡蛋销售"最后一公里"，全方位保障低收入农户自我发展能力和长期获得稳定收益的保障能力。**三是推进"利益共享"**。构建乡村振兴综合试点与低收入农户和村集体经济利益联结机制，增加二、三次分配途径。每个村将本村分红的30%收益用于低收入农户增收，尤其是针对无劳动能力、大病、就学困难的低收入农户实现资金倾斜，兜底基本生活水平，保障民生底线。

▲ 产业园生产车间

 经验启示

（一）走好乡村产业发展道路，需要全域"一盘棋"

立足全局，系统谋划是推动乡村产业高质量发展的前提。江山市以系统性、整体性思维谋划发展路径，立足当地特色主导产业，集聚30个省级乡村振兴帮促村联合与养殖龙头企业浙江汇农农业开发有限公司合作，共同成立公司，融合两者技术、市场、资金、场地等优势，打造了共建、共享的"共富班车"。

（二）走好乡村产业发展道路，需要联结"利益链"

建立完善的利益联结机制是整合资源要素，推动产业可持续发展的关键。江山市以企业为"聚磁场"，联结合作社、村集体、低收入农户等各主体纽带，促进主体联合、要素聚合、利益联结，形成共建、共享建设氛围，有效守住了返贫防线，全方位保障了低收入农户长期获得稳定收益的内生发展动力。

（三）走好乡村产业发展道路，需要敲响"数字键"

实现乡村产业兴旺离不开经济高质量发展和产业现代化发展。江山市以数字化赋能产业，与中国农业大学等高校合作，对育种、饲料生产、蛋品风味调控技术等进行研发，优化本土鸡苗（江山白银耳鸡），打造标准化规范化现代化养殖模式，建立相应的检测保证系统，从源头上提高产品质量，打响了江山养殖金品牌，提升了产品综合竞争力。

山东兖州区：

三次模式创新
促进乡村"蝶变"换新颜

摘　要　山东兖州区漕河镇为破解乡村产业发展"人、地、钱"等要素制约，立足区域资源禀赋，从管口新村起步，采取土地流转、多元投入、产业联盟、片区推进等措施，历经单村发展、联村共建、镇域统筹三次发展模式创新，示范带动全镇域村庄抱团发展，实现了乡村传统产业适度规模经营和集约高效发展，走出了一条产业发展引领乡村全面振兴的路子。2023年，全镇21个村村集体经济收入总和达852.83万元，单村全部稳定超过10万元，其中过30万元的村10个，过50万元的村5个，过100万元的村2个。

一　案例背景

济宁市兖州区漕河镇辖21个行政村，3.3万人，耕地面积4.5万亩，工业基础薄弱，以传统农业为主，由于农业生产经营分散，品种单一，产量、效益不高，农业产业化、标准化水平相对滞后。管口新村位于漕河镇西北部，为典型的北方平原地区传统村落，是一个以小麦、玉米、大豆种植为主的纯农业村庄，农民年人均纯收入不足1.3万元，村集体经济年收入不足1万元，村庄常年负债。管口新村周边9个村庄大多人均耕地1亩左右，村集体收入主要来自集体少量自留地发包收入，一些村集体年收入仅几千元。2017年以来，管口新村率先推进土地流转，做活土地文章，深耕农业产业，2021年村集体收入突破80万元，实现了村集体收入从无到有、主导产业由弱到强的"蝶变"。在此基础上，漕河镇以管口新村为示范引领，充分发挥扶贫（衔接）资金"四两拨千斤"的作用，组织带动管口新村周边9个村发展粮食生产，进而规划布局全镇范围内农业产业发展，历经单村发展、联村共建、镇域统筹三次发展模式创新，实现了乡村传统产业适度规模经营和集约高效发展，走出了一条产业发展引领乡村全面振兴的路子。

 做法成效

（一）扶贫资金为单村产业发展增动能

一是成立合作社和公司，解决"有些地没人种、有些人没地种"矛盾。管口新村党支部领导设立合作社，先后流转村内土地1 300余亩，实行统一经营。2017年，管口新村注册成立济宁春粟农业科技有限公司，负责农业生产和产品销售。公司以集体资产入股占比60%，以村民土地承包经营权入股占比40%，提前一年支付村民土地入股保底分红，保障了村民土地基本收益。同时，村集体将集体入股获得收益的60%用于村级公共事务，20%用于土地入股村民的二次分红，10%用于脱贫户帮扶，10%作为党员群众创业带富扶助基金，实现了村民变股东、农民变工人，既保障了村民持续增收，也保障了公司长期稳定经营。**二是实施葡萄园改造和粮食种植机械化水平提升项目。**2019年初，原兖州区扶贫办经考察论证，综合考虑土壤质地、小麦品质等因素，安排扶贫资金120万元，实施葡萄园改造和粮食种植机械化水平提升项目。其中，64万元用于升级改造葡萄园避雨棚，有效解决葡萄病虫害和裂果问题；56万元用于购置拖拉机、喷药机、播种机、旋耕机、翻转犁、自走式联合收割机等先进农机具，提高粮食生产机械作业率。项目由村办公司实施并负责后续运营，目前葡萄园项目已累计实现直接收益73.8万元，间接收益50余万元，为管口新村发展壮大积累了起步资金。

（二）产业联盟为联村产业发展添活力

漕河镇确定以管口新村为中心，以点带面，联片打造"兴村富民"产业联盟，通过"三步走"，探索农业规模化生产，推动村集体和村民双增收。**第一步，整合资源，集中连片流转土地**。2020年初，漕河镇积极谋划建设蔬菜种植基地项目，争取扶贫资金80万元，计划建设4座冬暖式温室大棚，扶持带动管口新村及周边9个村连片发展。由于管口新村缺乏大棚建设运营经验，10个村联合成立了项目理事会，发挥管口新村示范引领作用，共同推进项目建设和生产经营，打破了单村在资金、人才、技术、管理等方面的发展瓶颈。同时，各村发动村民以土地承包经营权入股，本着村民自愿的原则，通过置换、调换等方式整合耕地1万余亩，10个村土地流转率达到90%以上，为产业联盟共同发展夯实了基础。**第二步，瞄准需求，精准谋划实施产业项目**。针对管口新村缺少烘干储存设备设施的短板，2021年，兖州区乡村振兴局安排财政衔接资金300万元，支持购进自动化烘干机2台，建设1 000吨粮食储存塔1座，每年可烘干玉米、小麦1.1万吨，满足了片区内1万亩粮食的烘干储存需求。项目投产运营后，每年可降低晾晒成本160万元；通过机械智能化烘干，提高粮食品质，每年可增加220万元收入。**第三步，成立联盟，推行粮食生产经营"七统一"**。2021年，管口新村与周边9个村成立产业联盟，联盟成员结合自身实际，以资金、农机设备、管理技术、土地等要素参与联盟生产，逐步形成了项目实施、作物种植、农资采购、农技指导、农机服务、产品销售、资金筹措"七统一"粮食产业发展模式。统一项目实施，9个村统一平整土地，增加有效耕种面积10%；统一建设农业基础设施，提高设施利用率；统一购建烘干储存设备设施，降低粮食晾晒成本；统一作物种植，统一规划种植区域，根据市场需求统一种植高筋小麦，每斤比传统品种高0.15元，可实现增收180万元；统一农资采购，每亩可节省复合肥费用10元、农药喷洒费用10元，1万亩土地每年可降低20万元种植成本；统一农技指导，建设统一智慧农业数据云平台、农业技能培训中心，实现科研技术人员远程指导和远程监测，实行每月开展1次现代农业职业技术培训；统一农机服务，联盟成立农机公司，服务费用从每亩480

元减少到280元，每年可节省200万元；统一产品销售，联盟通过与购销商集体谈判，每斤小麦和玉米价格可提高0.01元至0.05元，每年可增收22万元至110万元；统一资金筹措，银行按照每亩1 500元给予联盟无抵押授信，结合现有鲁担惠农贷等政策，减除贴补之后贷款年利率在2%左右。成立联盟以来，村集体和农民收入大幅提升，2023年，联盟10个村的村集体经济收入均破20万元，农民年人均可支配收入达2.95万元。

▲ 位于管口新村的兖州区漕河镇春粟农业粮食烘干储存中心

（三）片区推进为镇域产业发展挖潜力

兖州区漕河镇深入学习运用"千万工程"经验，坚持用片区思维指导区域产业发展，通盘考虑各区域产业基础、资源禀赋、区位优势和基层需求，充分论证、科学谋划，将全镇21个村规划为东、西部两个产业片区，分类打造、梯次推进。**一是东部打造形成了特色种植及农耕文化体验示范区。**东部以曹庄村为中心，依托当地特色种植传统和红色资源，聚焦农业产业融合发展，打造特色种植及农耕文化体验示范区。目前东部片区已培育壮大预制菜生产企业1家，发展红色文化教育基地1处，发展规模养殖基地5家，建设果蔬大棚20余个。**二是西部打造形成了麦香田园现代高效农业共富联盟先行区。**西部以管口新村为中心，依托小麦产业优势，延伸小麦产业链条，打造麦香田园现代高效农业共富联盟先行区。目前西部片区已形成包含高端育种、订单种植、仓储物流、初加工、深加工、食品加工、餐饮商超服务的全产业链，进一步夯实小麦生产主导产业地位，先后建成粮食烘干储存、现代农业数字化信息管理平台、麦香田园农业综合体孵化中心、农业社会化服务中心等10余个相关项目。2023年，全镇21个村村集体经济收入总和达852.83万元，单村全部稳定超过10万元，其中超过30万元的村10个，超过50万元的村5个，超过100万元的村2个。

▲ 位于歇马亭新村的兖州区漕河镇农业社会化服务中心

 经验启示

（一）发展产业，立足资源禀赋是前提

兖州区漕河镇坚持立足镇域资源禀赋和产业基础，在"粮"字上做文章，采取土地流转、多元投入、产业联盟、片区推进等措施，坚持久久为功、长抓不懈，稳定发展粮食生产，不仅为保障粮食安全做出了贡献，更找到了一条村集体、村民合作共赢的致富新路。

（二）多元投入，财政资金引导是关键

兖州区漕河镇充分发挥财政扶贫（衔接）资金引导作用，瞄准产业发展的关键环节，精准投入、补齐短板，推动特色产业提档升级和优势产业提质增效，有效撬动了金融资本倾斜支持、社会资本积极参与，共同构建起多元投入机制，为漕河镇农业产业高质量发展蓄足源头活水。

（三）连片共富，发展模式创新是保障

兖州区漕河镇积极破解乡村产业发展"人、地、钱"等要素制约，历经单村发展、联村共建、镇域统筹三次模式创新，打破区域限制，有效推动片区要素整合、资源共享，实现了优势特色产业集约高效发展，为镇域乡村全面振兴筑牢基础。

重庆城口县：

老腊肉全链升级
促进"老产业"焕发"新活力"

摘要 习近平总书记指出，"乡村振兴要靠产业，产业发展要有特色"。近年来，重庆城口县坚持以习近平新时代中国特色社会主义思想为指导，全面贯彻党的二十大、党的二十届三中全会精神和习近平总书记视察重庆重要讲话重要指示精神，坚持从本地资源禀赋实际出发，依山就势推动城口老腊肉全产业链提档升级，着力延长产业链、狠抓品质链、拓宽市场链、做实利益链、畅通要素链，做深做透"土特产"文章，为县域高质量守牢不发生规模性返贫底线、促进乡村全面振兴发挥了重要作用。

 案例背景

　　重庆市城口县地处大巴山腹地、重庆市最北端、渝川陕结合部，是160个国家乡村振兴重点帮扶县之一，全县总面积3 289.09平方公里，人口25.3万，地形地貌呈"九山半水半分田"特征。城口老腊肉是选用高海拔地区的传统猪种，经过"生态慢养、传统工艺、高炕慢火、低温发酵"加工形成的绿色健康食品。与其他腊肉的最大区别在于一个"老"字，"老"在拥有2 500多年的历史传承，沿袭千年的民间加工秘方，其制作工艺入选重庆市非物质文化遗产，是全国腊肉中唯一的"中华老字号",具有千年积淀根植的文化价值、独特工艺铸就的品质价值、量质并举汇聚的产业价值、强力带动创造的富民价值。城口老腊肉是全国消费帮扶重点产区(城口)建设的主推产品之一。2021年以来,城口县抢抓国家乡村振兴重点帮扶县过渡期政策机遇,坚定不移推动城口老腊肉"再出发",深入推进"五大体系"全产业链建设,探索出了一条富有秦巴山区特色产业发展的现代化建设路子。通过4年接续奋斗,城口老腊肉年产量从3 500吨突破至1.2万吨,核心产业链市场主体由43家增加至165家,产业年产值从3.5亿元突破12亿元,全产业链产值突破30亿元,带动1.8万余名农户户均年增收1.2万元以上。城口老腊肉被列入重庆市聚力打造的具有西部辐射力的"六大名品",产品畅销全国近30个省份以及全球10多个国家和地区,正加速形成强县兴业的产业集群、成为助农增收的富民产业。

 做法成效

(一)延长产业链,加快构建标准化生产体系

强化"全链"开发,全面优化生猪养殖到屠宰分割,产品加工到市场销售全产业链布局。**一是选育最适宜优良猪种**。深入实施生猪改良计划和现代种业提升工程,建立地方资源保种场5个,引进荣昌"两头乌猪"共建良种种猪场1个,成功培育"三湾黑猪""周溪跑山猪"等地方品种。争取中央预算投资2022—2023年畜禽粪污资源化利用整县推进项目,畜禽粪污综合利用率和规模养殖场设施装备配备率达100%。**二是开发地源性饲料配方**。依托"大巴山药谷"资源优势,建立在地化草本药材地源性饲料种养循环示范基地10个。建成重庆金宝年产8万吨和亲浓酵科年产3万吨畜禽饲料生产项目。2024年,全县生猪出栏将突破20万头,增长速度年均保持21%以上。**三是执行最严格加工标准**。制定城口老腊肉团体标准,修订《城口老腊肉传统炕房建设生产技术规范》等6项地方标准。实施主体梯度培育成长计划,培育养猪散户1.88万家,规模户235家,养殖大户65家,企业41家。累计培育SC认证加工企业33家,小作坊128家,农家工坊248家。培育重庆市级龙头企业7家,规模以上加工企

业3家，重庆"双百"成长型企业2家，市级"专精特新"企业6家，市级科技型企业22家，国家高新技术企业3家。**四是搭建最快捷销售网络。**加快推进城乡冷链和物流枢纽建设，冷库总库容达1.75万吨，争取超长期特别国债和中央预算投资2.8亿元，启动渝川陕毗邻地区物流园及电商公共服务中心项目建设。开通乡村物流配送线路13条，组建农村电商直播间96个，培育直播带货团队53个，销售城口老腊肉等农产品3亿元。

（二）狠抓品质链，加快构建质量检测监测体系

将做好产品"品控"视为"生命线"，狠抓产品质量、研发认证和溯源管理。**一是提升全链条质量检测能力。**下决心整合县域农业检测、环境检测、疾病预防、水利检测等职能力量，建成城口老腊肉检测中心。中心拥有74项指标检测能力，周均检测样品50份以上，实现从饲料生产到腊味成品全链质量控制。实施CMA检测能力增项、扩项，2025年初全面完成后，检测效率、范围和覆盖能力将大幅提升。**二是加强系统性腊味产品研发。**大力推进以城口老腊肉为主的食品及农产品加工业发展，发展精深加工产品6类18种，申请各类专利68件。会同重庆火锅协会合作研发"腊味火锅"，城口老腊肉纳入第六届

▲ 城口本地生猪生态慢养

火锅爆品优选食材TOP50，8道菜品入选"渝味360碗"。2家企业3款"爆品"入选全市消费品"爆品"清单。**三是强化全过程质量跟踪溯源。**以物联网、工业互联网标识解析体系为主，完成基于工业互联网标识解析的溯源体系建设，115家经营主体进入国家农产品质量安全追溯管理信息平台，加快推动全链条、全流程信息采集和跟踪溯源。

（三）拓宽市场链，加快构建品牌和营销体系

借力国家地理标志农产品和市级非遗"金字招牌"，创新赛道、错位发展。**一是健全"区域公用品牌+企业品牌+分级分类"品牌矩阵。**推行"大巴山硒谷"区域公用品牌和"黑标顶级+金标引领+绿标畅销"产品分级分类标准。城口老腊肉成功入选重庆市唯一国家地理标志保护工程，获评"2024我喜爱的中国品牌"，品牌价值达6.89亿元。**二是构建"门店直销+活动展销+直播代销"营销体系。**开展城口老腊肉"进京""进鲁""进商圈""进机关""出山""出海"等"四进两出"行动，2023年城口老腊肉首次实现自营出口，进入"黑珍珠"餐厅，亮相第32届香港美食博览会和全球优质农产品（深圳）博览会。第二十一届中国西部（重庆）国际农产品交易会获订单2.38亿元；走进京津冀暨消费帮扶重点产区（城口）建设产销对接活动获订单7600万元；重庆市食品及农产品加工高质量发展产业生态大会获订单5200万元。成功筹办城口老腊肉年货节、"乐联千里 情系乡村"直播带货等"引爆性"活动。商务部等国家部委将城口老腊肉产品列入机关采购食材范围。**三是打造"加工园区+特色小镇+文创体验"特色场景。**规划建设坪坝1平方公里食品及农产品加工园区，建成一期食品及农产品加工标准厂房6.5万平方米。持续开展城口老腊肉制作工艺国家级非遗申报，建设"非遗"工坊48个、数字博物馆1个、腊肉美食体验店3个。建成山地特色种养市级现代农业产业园1个、市级农业产业强镇2个、国家级农业产业强镇1个。中央电视台新闻频道东方时空栏目专题报道《时空故事、舌尖美味、墙内开花墙外更香——城口老腊肉走出山门、跨越国门》。中央电视台农业农村频道专题报道《谁知盘中餐——幸福年里团圆味、年味十足的腊肉》。新华社每日电讯专题报道《大巴山腊味出山进城》。

▲ 城口老腊肉走进京津冀开展推介活动

（四）做实利益链，加快构建联农带农富农体系

着力将小农户引入现代化农业发展轨道，促进企业有效益、集体有收益、农户得利益。**一是实行"联合养猪·共同致富"行动。**持续优化"基地＋农户""企业＋农户""集体＋农户"3类利益联结模式，推广"代种代养""订单收购"等模式，共同建设"联合养猪·共同致富"示范村5个、示范片1个。比如：重庆琪金食品集团有限公司与城口县高燕镇共同打造"联合养猪"示范村，琪金集团通过向城口县高燕镇合作社/养殖户输出猪仔，并以保底价进行回购，每养一头猪可多赚200元。**二是大力构建产业化联合体。**通过建立"龙头企业牵引＋专业合作社联动＋农户广泛参与""生产端＋供给端＋销售端""品牌化＋标准化＋数智化"3种产业化联合体，每生产销售1吨城口老腊肉可带动10户农户户均增收3 000元。如城口县在10个乡镇开展生产、供销、信用"三位一体"改革试点，以打造农合联为平台，构建农户组织化、产业合作化、服务社会化、产销一体化的新型为农服务体系，建成服务网点10个，开展农业社会化服务3 000余次，让农户养猪、制肉"无忧"。**三是引导新型农村集体经济参与。**丰富完善土地流转、务工、入股等10种利益联结方式，45个村集体经

济组织参与全产业链发展，年均收益均达10万元以上。如城口县厚坪乡围绕"土墙、青瓦、竹巴折，高炕、慢火、灰儿坑"特征元素，开展统一设计、统一建设、统一LOGO，研发腊肉炕面、腊味豆腐、腊味血粑、排骨香肠等高品质炕房特色产品，建成特色传统炕房11个，农户年户均分红达300元，乡域腊味产品辨识度、美誉度持续提高。

▲ 城口老腊肉采用传统工艺制作

（五）畅通要素链，加快构建社会化服务体系

大力汇聚政策流、资金流、信息流，为产业发展提供全方位要素保障。**一是抓实政策和资金保障**。组建产业发展工作专班，每年统筹5 000万元衔接资金用于城口老腊肉全产业链发展。先后出台制定《城口老腊肉"再出发"工作方案》《城口县2024年优势特色产业培育行动扶持政策》等系列文件，为企业和农户送上"真金白银"。**二是加强金融和保险赋能**。推广信用乡镇、信用村、信用户"三信"评级试点，有效扩大金融获贷率。有序推进农业政策性保险扩面、增品、提标。探索创新推进生猪"保险+期货"，2023年至2024年，累计承保生猪33.65万头，养猪户获得保险期货收益1 531.67万元。**三是汇聚院所和**

人才智慧。借力国家科技特派团、成渝地区双城经济圈专家团、重庆市畜牧科学院、西南大学等13支专家团队，培育产业发展"带头人"190名、实用技术人才132名，开展培训5 000余人次，为产业发展提供了强力支撑。

 ## 三　经验启示

（一）要坚持从实际出发，因地制宜选准优势特色产业

习近平总书记视察重庆时指出，"要依山就势发展特色生态产业"。城口县充分挖掘特色优势、放大比较优势、打造竞争优势，有效避免产业同质化发展，实现差异化、特色化发展，对探索增强县域发展内生动力、助农稳定增收具有实践意义。

（二）要坚持全链条开发，持续做好"土特产"文章

"农业不成链，最终是白干"。城口县将财政支持政策、金融信贷政策及贴息政策、保险贴保政策整合起来协同推进，基本构建了"养殖在村、加工在园、销售在线"发展模式，"一头猪""一块腊肉"促成了"大产业"，富裕了上万农户。

（三）要坚持联农带农，着力构建稳定的利益联结机制

发展帮扶产业的落脚点是带动农民稳定增收和县域经济可持续发展，而产业的发展又离不开各类市场主体的带动，只有充分调动企业、新型农村集体经济组织、合作社以及农民等多方积极性，探索构建稳定可持续的利益联结机制，才能实现多方共赢，进而推动帮扶产业可持续发展。

（四）要坚持一张蓝图绘到底，稳扎稳打、久久为功

城口老腊肉产业的发展是一个长期的过程，城口县将市场口碑作为价值追求，坚持不懈推进产业全链迭代升级，持续加强科研技术攻关，产业发展取得了良好成效，城口老腊肉正逐渐成为最具城口地域辨识度的"代言人"。

重庆巫山县：
科技助力
挑起脆李发展"金扁担"

摘 要 2018年全国"两会"期间，习近平总书记对巫山脆李作出重要指示；2024年4月，习近平总书记在重庆考察时要求全链条培育巫山脆李等"重庆宝贝"。近年来，重庆市牢记总书记嘱托，巫山县委、县政府高度重视，通过构建脆李系列新品选育及熟期调控技术体系、全链条产业技术标准体系，搭建巫山脆李"产业大脑+未来果园"数字经济闭环系统，挑起了脆李发展"金扁担"。截至目前，脆李种植规模达30万亩，带动6万余农户就业增收，户均增收1.5万余元，成为产值超21亿元的支柱产业，被列入第二批全国产业扶贫典型范例向全国推广。

 **案例背景**

　　重庆巫山县是典型的喀斯特地貌，山地坡度大、人均耕地少、外流劳力多、机械化程度低。2015年以来，县委、县政府举全县之力发展以巫山脆李为主的特色产业，种植规模达30万亩，覆盖全县23个乡镇220个自然村，涉及6万余种植户，为全域推进产业振兴奠定了基础。但单位产量不高、种源混杂、技术不足、人才匮乏、资金投入有限、物流成本高等难题一直制约巫山脆李发

展步伐。通过调研论证、规划引领，迭代升级"三品一标"、变革经营体系、延长产业链条、拓展产销对接、强化数字赋能等，实现了巫山脆李产业"生态好、业态好、融合好"的目标，走出了一条"绿水青山就是金山银山"的现代农业高质量发展道路。

二 做法成效

（一）在"育好种、种好树"上深耕细作，探索产业高质量发展"新做法"

一是育苗培优培新。依托市、县技术力量，选育巫山脆李种质资源早、中、晚熟3个品种，上市期从6月底延长至9月初。其中培育出的"巫山脆李"获农业农村部农作物品种权，2022年10月，脆李系列新品选育及熟期调控技术体系构建与应用成果获重庆市政府科技进步奖一等奖。建设中国脆李种质资源圃，建成育苗500万株的脆李苗圃基地。开展混杂品种高换更新，"黄肉脆李"高接换种累计3.2万亩，"巫山脆李"品牌种植区内优良品种率达80%以

▲ 脆李育苗基地

上。**二是种植做深做实。**探索脆李林下间作鲜食蚕豆、豌豆高效栽培技术，编制技术规程1套，优化、规范脆李林下间作豆科作物种植模式，形成成熟的间作、套作种植技术，建立示范基地500亩以上，亩产效益增加600元以上。制定《农产品地理标志巫山脆李地方标准》，制定企业标准14项，引用国家标准2项。巫山脆李种植标准化示范项目2023年6月入选第二批国家农业农村标准化试点示范典型案例。与重庆市农业科学院共建巫山脆李研究院，大力开展巫山脆李产业的研究示范，推广巫山脆李果园标准化管理技术和社会化服务作业，集中开展整形修剪等关键技术管护。组织举办"巫山脆李1+10+N技术骨干培训""巫山脆李产能提升技术培训"等，累计培训生产技术骨干2 520人。组织开展田间实用操作技术培训，累计培训1 200余场次4.9万余人次。**三是防控精抓精管。**制定《巫山脆李农药安全使用规范》，推广应用绿色防控技术，建立以生态调控、理化诱控、生物防治、科学用药为主的绿色防控技术模式，实现化肥、农药使用量减少10%，先后有15家脆李果园通过绿色认证。2023年，重庆市巫山脆李病虫害绿色防控技术模式成功入选全国农技中心100套农作物重大病虫害绿色防控技术名单，成功创建全国绿色食品原料（巫山脆李）标准化生产基地。

（二）在"结好果、延链条"上精准发力，破解产业高质量发展"新问题"

一是科技集成"破难"。集合中国农业科学院郑州果树研究所、辽宁果树研究所、重庆市农业科学院、西南大学等科研院所技术力量，组建巫山脆李"防裂果"专家攻坚团队，深入开展"防裂增糖增产"综合实验，全县270个试验示范点位脆李裂果率从70%降至2%左右。为解决脆李易裂果、贮存期短、优质果率不高等难题，创新推广圆盘撑杆树冠覆膜、脆李成熟度快速检测及预冷、脆李微气调包装等技术，提升巫山脆李冷藏保鲜至60余天，商品化货架保鲜期由3～5天提高到10余天。**二是健全物流"提速"。**建成集分选、仓储、物流、交易等功能的"1+5+N"供应链体系，辐射县域周边的"1"个巫山脆李产地仓，"5"个乡镇供应链节点；科学配套物流投递点237个，依托68个县内冷库资源，建成田间产品集散地107个，日商品化处理能力达300余吨。开通邮政巫山脆李"极速鲜"专机直航班，搭建无人机低空物流配送体系，实现全国千余城市"次日达""今天下单，明天见李"。**三是链条延伸"增效"。**与鲁东大学、烟台大学联合成立烟台（巫山）博士工作站，对小果脆李开展工业品加工，"变废为宝"，价值翻倍，破解农民"增产不增收"的难题。成功研发"高峡李遇"脆李酒、"么李"脆李饮料、脆李面膜、脆李月饼、脆李果酱等延伸产品，延长了产业链，增加了附加值。2024年实现产量14万吨，综合产值21亿元，带动村集体经济160余个，带动6万余种植主体户均增收1.5万余元。

（三）在"管好园、卖好价"上数智赋能，开发产业高质量发展"新场景"

一是数字果园平台实现产业"数字化"。按照统一规划、统一建设原则，打造巫山脆李"一张图"全产业链大数据平台，建立从生产端到销售端全过程数据库。尤其是对巫山脆李养分动态需求分析，精准开展营养搭配，大数据发挥了重要作用。逐步推广"家庭果园"发展模式，整合农村闲置土地，改变"小散弱"的种植方式，累计培育收益在10万元以上的"家庭果园"达436家。**二是产地云仓交易中心实现交易"在线化"。**在全县推广使用"巫山未来果园"平台，上线种植主体1 674家18.92万亩，逐步向周边区县、三峡地区、秦巴山区推广，辐射种植主体3 637家22.31万亩，重点聚集"巫山脆李""三峡柑橘"等优势特色农产品上线产地云仓交易平台，帮助农产品实现"运得出、存得住、卖得好、卖得远"，带动种植户增收3万余元。**三是巫山脆李"产业大脑"实现"体系化"。**以"产业大脑"为基座，有序推进"均衡施肥、病虫害预警、树体管理、生产技术运用"等模型建设，构建巫山脆李"产业大脑+未来果园"数字经济闭环系统。通过对产业各环节进行业务拆解和流程再造，形成5个一级核心业务场景以及25个二级应用场景，实现数据驱动能力自动输出《农情综合分析与预警报告》指导农事生产，数据融合能力形成可一键推广的产业主体管理分析数据、农作物从生长过程到消费者的全程信息透明等场景应用组件，大脑运算能力形成脆李知识图谱，为脆李种植户解决实际问题1 052个，提供辅助决策987次。目前，"产业大脑+未来果园"系统覆盖种植面积22.31万亩，接入果园3 637个，供应链企业6家，社会化服务组织29个，直接带动受益人群达万人以上。

▲ 巫山脆李"产业大脑＋未来果园"驾驶舱

 **经验启示**

（一）领导重视是帮扶产业高质量发展的基础

政府工作到位、服务到位，产业才能兴旺发展，群众才能从中受益。重庆市委、市政府将巫山脆李作为全市三大特色水果重点发展推进。按照全产业链思路，从种质资源、基地建设、加工物流、技术培训、品牌提升、科技创新、社会化服务等环节重点打造脆李优势特色产业集群。巫山县委、县政府坚持把脆李作为乡村产业振兴的重要支撑，并列为"一主两辅""3+N"现代农业之首，纳入重点部门和乡镇年度经济社会实绩考核，压实工作责任。

（二）科技赋能是帮扶产业高质量发展的驱动力

2024年中央1号文件强调，推进乡村全面振兴必须强化科技和改革双轮驱动，就帮扶产业而言，本质上就是要实现帮扶产业的创新发展。巫山县组建重庆市农业科学院巫山脆李分院，整合中国农业科学院郑州果树研究所等科研院所技术力量，在核心关键环节开展技术攻关，解决了脆李裂果、精准施肥、病虫害防治、农药安全使用等一系列技术难题。研发出全国首例"透气、降温、转光"脆李激光微孔专用膜，脆李裂果率降至2%左右。紧抓"数字重庆"建设机遇，建成"巫山数字果园V2.0管理平台"，实现技术推广数字化。

（三）龙头带动是帮扶产业高质量发展的保障

乡村振兴，产业振兴是重中之重，龙头企业是打造农业全产业链、构建现代乡村产业体系的中坚力量，是带农就业增收的重要主体。巫山县组建巫山脆李产业化联合社，推动巫山脆李标准化生产，在物资集采、统一品控、集中供给、对接稳固渠道等方面降成本、增效益，示范带动周边种植户生产提质，形成生产联结、营销联结、利益联结运营机制。培育社会化服务龙头企业，推行"标准化生产管护单项托管、全托管"服务，有效缓解农村劳动力缺乏、劳动力水平较低的难题。

贵州赫章县：

深耕林下天麻产业 开发新业态新产品

摘 要 贵州赫章县为实现林地增产、林农增收、林业增效的目标，立足生态优势，坚持"共赢、创新、协作"等理念，大力发展林下天麻种植。通过部门共建、政企共投、企社共管等方式，不断夯实天麻种植产业基础；通过创新培育品种、种植模式和发展业态，全面提升天麻产业的竞争力；通过农户抱团种植、飞地建团指导、区域组团营销等方式，增强区域协作，拓宽销售渠道。赫章县立足自身资源禀赋，走出了一条生态友好、业态繁荣、产品多样、集聚抱团、共享共富的产业发展之路。

一 案例背景

近年来，赫章县以产业振兴为重要抓手，把生态优势转化为产业优势，坚持"共赢、创新、协作"理念，按照试点先行、以点带面、逐步推开的原则，不断壮大天麻种植规模，大力发展林下经济，实现林地增产、林农增收、林业增效，全面助力乡村振兴。目前，全县共种植天麻7.87万亩，覆盖全县25个乡镇（街道）78个村（社区），预计带动4 000户农民户均增收5 000元，年综合产值达12亿元。

二 做法成效

（一）坚持"共赢"理念，提升基地源动力

积极探索政府主导、企业参与、合作社运营的发展模式，形成集投入、管理、运营为一体的利益共同体，不断发展壮大天麻种植产业。**一是强化部门联动，形成发展合力**。成立由县农业农村、交通、发改、林业等部门组成的天麻产业工作领导小组，下设工作专班，统筹协调解决规划建设、产业发展、市场营销等困难，初步形成部门齐抓共建的良好格局。**二是加强政企联动，促进群众增收**。由县级统筹，以平山镇为试点，采取"政府+企业+基地"合作模式，组织该镇17个村（社区）党支部建立农民专业合作联社（赫章县森之洋种植养殖农民专业合作社），并招揽本土客商（赫章县济森菌业农民专业合作社）反哺家乡，成立贵州凌之锋科技生物有限公司，签订投资合作协议，整合东西部协作资金1 680万元、乡村振兴衔接资金670万元，协调该公司投入资金1 500万元并提供种植技术，在平山镇农庄村合作建设1万亩林下天麻种植示范基地（以下简称"基地"），配套建设年产500万棒的菌棒生产车间及相应基础设施。

▲ 赫章县平山镇万亩林下天麻示范种植基地

同时，建立利益共享机制，基地产生利润按照企业占60%、合作联社占40%的模式进行分红，其中合作联社所获分红作为17个村（社区）集体股份经济收益进行二次分配。制定实施合作联社经营收益"1234"分配模式，即经营收益的10%作为合作联社管理人员绩效奖励，20%作为发展基金，30%用作三类监测户分红，40%分给参加合作联社的17个村（社区）用作"党建+积分"兑换资金，累计发放分红资金55万元。基地平均每天灵活用工400余人次，带动群众就业8 500余人次，增加务工收入956万元，培育技术人员上百名。**三是健全共管机制，确保经营稳定。**创新建立合作共管机制，在基地经营管理中，明确由赫章县济森菌业农民专业合作社和赫章县森之洋种植养殖农民专业合作社共同管理天麻种植基地，合作联社派遣1名负责人和1名财务人员监督企业重大经营决策、财务运行情况等，保障政府投入资金安全。同时，明确赫章县济森菌业农民专业合作社具体负责天麻种植基地种植管理、市场销售、技术提升等，确保经营管理稳步发展。

（二）坚持"创新"理念，提升产业竞争力

坚持生产向绿、品种向优、品质向好原则，积极培育新品种，探索种植新模式，发展产业新业态，提升天麻种植的抗风险能力和市场竞争力。**一是依托资源优势，创新发展业态。**赫章县在自然条件、生产加工、农旅融合等方面资源优势明显。自然资源方面，赫章县位于滇东高原向黔中山地丘陵过度的乌蒙山区倾斜地带，最高海拔2 900.6米，最低海拔1 230米，冬无严寒、夏无酷暑，昼夜温差大、空气湿度高，是贵州中药材的主产区，素有"黔地无闲草，夜郎多灵药"的美誉。全县共有林地247万亩，可用林地资源100万亩，海拔1 300米至2 200米之间，适宜发展天麻产业的有12.41万亩。得益于独特的地理气候环境，赫章种植的天麻个大、肥厚、饱满、色淡黄、质坚实。生产加工方面，赫章县以"药食同源"为切入点，与同济堂、国药集团、精好徕食品公司、贵州食品工程职业学院等企业和院校展开深度合作。目前，与同济堂合作共建的天麻"药食同源"基地已挂牌，并已签订三年300吨的干天麻销售协议。充分利用天麻的药用和食用价值，研发出天麻口服液、天麻切片、天麻面条、天麻

酒等系列产品，不仅丰富了天麻的产品种类，还满足了不同消费群体在健康、饮食等方面的需求，极大地拓展了天麻在市场上的应用范围和销售空间，大大提升了天麻产业的附加值。农旅融合方面，在天麻产业发展过程中注重与旅游产业的融合，已推出鲜天麻礼品盒、手礼装等旅游产品，为游客提供了新颖的购物选择。将天麻产业与旅游消费紧密结合起来，通过提升旅游消费供给质量，吸引更多游客的关注，进一步扩大了天麻产业的市场影响力，让天麻产业在农旅融合的新业态中焕发出新的活力，为产业发展注入新的动力。**二是依托技术优势，创新品种培育和种植模式。**在平山、白果、安乐溪等乡镇（街道）建立标准化、规范化、规模化的天麻良种繁育基地2个，面积2 000亩，培育出头大尾小、鹦哥嘴、凹肚脐的血红天麻新品种，与原有品种相比具备外形好、品质优、易种植、天麻素含量高等优势，为本地优质天麻种植提供了良种资源。同时，改变传统挖坑种植模式，创新林下"钵培法"，将当地林下腐殖土、林间松针土、蕨草等"废料"作为天麻种植原料装填营养钵，采用菌种代替传统菌柴的方式，将蜜环菌＋天麻零代种植入普通钵体，既不施用化肥、不喷农药及化学药剂，又能减少木材需求，避免大面积破坏土壤表层、造成新的水土流失，同时缩短天麻生长周期和增加产出率，有效兼顾经济效益与生态效益。生长周期由原来的3年缩短为1.5年，亩产量由原来100斤*至300斤提升至800斤左右。

▲ 赫章县乌天麻展销

---

*　1斤＝500克。

（三）坚持"协作"理念，提升区域联动力

强化区域协作，推进联动发展，重点以平山镇西山林场天麻种植基地为依托，辐射带动周边发展，形成集聚效应，推动天麻产业高质量发展。**一是农户抱团种植。**由种植基地牵头，组建赫章县济森菌业专业合作社，组织农户入股参与天麻种植。制定天麻规范化生产标准操作规程，依托合作社在种植技术、销售市场等方面优势，免费为散种农户提供"两菌一包"，开展技术培训，精准指导农户种植天麻，并按不低于市场价保底收购，让农户吃下"定心丸"。目前，已带领32户群众共同种植天麻2 500亩，辐射带动周边400余人稳定就业，就业人员户均增收2万元。**二是飞地建团指导。**按照"政府引导、要素集聚、利益保障"理念，以平山镇西山林下天麻基地为核心，整合周边优势资源，在不同区域组建专业技术团队，为全县发展天麻产业提供技术、种源、人才等支撑，辐射引领带动地方经济发展。目前，已在七星关区、大方县、威宁县等地积极发展天麻种植。其中，在七星关区撒拉溪镇、杨家湾镇、文阁乡种植2 000亩，在威宁县种植3 000亩，开展技术指导400余人次。**三是区域组团营销。**与全国天麻协会、陕西峦庄天麻小镇、云南彝良和湖北宜昌菌棒生产商、大方县乌蒙菌业和九龙天麻、昭通天桓天麻产业有限公司等开展经常性业务合作和技术交流，打开天麻产品线下销售渠道，并借助省内外农产品展销活动和企业销售网络，继续巩固小草坝天麻国际交易市场、昆明螺蛳湾中药材交易市场固有销售渠道。同时，依托"黔货出山"、直播带货等平台带动天麻加工企业、合作社、大户等共同参与线上天麻产品销售，进一步拓宽销售渠道，让"赫章天麻"走出大山。目前，全国天麻协会已投入100万元参与平山镇西山林场天麻产业发展。

▲ 赫章县安乐溪乡天麻蜜饯产品

经验启示

（一）政府引导多方参与保障产业发展

在发展产业时，政府要发挥积极引领作用，整合资源，促进不同部门协同发力。赫章县政府主导成立多部门领导小组和工作专班，有效协调各方资源。交通、发改、农业农村（乡村振兴）等部门各司其职，完善产业路、灌溉系统等基础设施，为产业发展夯实根基。

（二）创新利益联结机制实现共赢发展

在产业发展中，要通过创新利益分配机制，吸引企业投资和参与技术指导，同时让村集体和农民共享产业发展成果，实现可持续发展。赫章县政企共投共建，整合多方资金，并引入企业技术，同时建立合理的利益共享模式，企业、合作社和村集体按比例分红，保障了各方积极性。

（三）坚持创新提升产业竞争力

产业发展要注重科技创新和业态创新，以适应市场变化，增强产业抗风险能力和市场竞争力。赫章县天麻产业的快速发展正是依赖于在品种、种植模式和业态等方面的创新：通过培育优良品种，提升产品品质和价值；通过创新林下"钵培法"，实现生态和经济双重效益；通过拓展"药食同源"业态，深化农旅融合，提高产业附加值。

西藏巴宜区：

依托藏地特色生态文化
激发农旅融合新动能

摘 要 近年来，西藏巴宜区百巴镇百巴村党支部深入践行习近平总书记"绿水青山就是金山银山"的发展理念，认真落实自治区党委关于基层党建"一抓两促"的工作部署，依托良好的生态条件，通过引进松赞集团建设独具藏区特色的帐篷营地，撬动形成集生态康养、藏乡休闲、户外探险于一体的旅游新业态，营造出产业有看头、市场有赚头、群众尝甜头的村企共赢良好局面，通过不断改善乡村治理，提高村庄持久吸引力，走出了一条绿色生态、旅游致富的路子，使以往无人问津的小山沟成为西藏旅游地图上的必游之地。

 **案例背景**

巴宜区百巴镇百巴村，是一座位于尼洋河谷深处的小村。37户人家世代居住在这里，仅有一座吊桥与外界相连。过去，铁吊桥带来的不仅是物质的匮乏，也禁锢着群众的思想。村民世代守护着253平方公里的森林草甸，过着传统的耕种放牧生活，经济相对落后。2021年以前，百巴村集体经济收入不足4万元，人均可支配收入仅1.82万元。打赢脱贫攻坚战后，百巴村拥有的雪峰、森林、河流、峡谷等独属于高原的旷世美景，以及回荡着天籁之音的古朴村落

和历史掩映下的斑驳牧道，逐渐被世人所知。如何将优质乡村美景资源，转化为推动乡村振兴的优势资源，成为百巴镇党委、政府、百巴村"两委"班子的首要任务。

二　做法成效

（一）支部引领，群众思想更解放

2021年，自治区党委作出"努力把林芝建设成西藏改革开放先行区"的决策部署。为推动改革开放先行走得稳、走得远，百巴村党支部决定开展"思想大解放，发展大跨越"专题行动。把具有创新创业潜力的新型人才作为产业带头人重点培育，支持乡村振兴专干和科技专干领办"巾帼扎西"茶馆，带动全村16名妇女每人每月增收1 500余元。开展"领袖像下话党恩"活动，推动全村党员干部在大讨论中凝聚思想共识，改进工作作风，提升发展本领。村党支部老书记扎西转任公务员后主动退位让贤，把思想解放、思路清晰，懂经营、善管理的能人选入村"两委"班子，进一步理清发展思路、做好发展规划。建

▲ 百巴村松赞帐篷营地全景

立健全"支部+"发展模式，通过"党建链"嵌入"产业链"，为实现乡村振兴蓄势赋能。

2022年初，面对农文旅、农康旅等未来"蓝海"产业发展大趋势，百巴村党支部抢抓机遇、乘势而上，积极主动对接松赞集团，为其落地提供"一条龙"服务，召集全体村民达成了"主动服务、长期受益"共识，商议出"不要租金、不要报酬、减少落地成本"的招商措施。百巴村37户农牧民群众免费投工投劳，利用30余天的时间做好清理灌木、平整土地等基础建设工作，帮助企业加速落地。总投资4 800万元的百巴松赞帐篷营地于同年7月正式投入运营，拓宽了乡村旅游的发展前景。

（二）企业带动，资源要素更富集

百巴村松赞帐篷营地项目依托"松赞香格里拉环线""松赞滇藏线""松赞藏东环线"热门旅游线路，积极探索"藏地风景+藏地文化+精品酒店+原住民员工+游客体验"的运营模式，吸引游客感受自然韵味与藏地特色文化。松赞集团因地制宜，结合百巴村特色，与当地村集体合作，深入挖掘藏民族传统

▲ 游客在百巴松赞帐篷营地体验"森林野骑"项目

文化，相继开发了工布响箭、工布牧歌、工布舞蹈、森林野骑等体验活动，开发香水野笋牦牛肉、酸汤牦牛火锅、牦牛肉刺身、露水菌刺身等产品，并将甜茶、酥油茶、藏面、牛肉饼等日常餐饮摆上了游客的餐桌。同时，百巴村积极向上争取政府投资1 800万元，与松赞集团合作建设漂流、崖壁攀岩、飞拉达、徒步穿越、山地骑行、越野摩托等户外旅游项目，建成了集生态康养、藏乡休闲、户外探险为一体的旅游新业态，形成了独具百巴风味、松赞底蕴的知名营地品牌。遗世独立的山谷秘境，历经千年再次焕发出勃勃生机。

（三）村企共赢，富民增收更稳定

百巴村40%以上的村民积极参与帐篷营地建设，人均投工投劳收入达1.2万元。与此同时，百巴村与帐篷营地创新"支部+营地"就业模式，在营地的44名员工中，19人来自百巴镇，12名本村未就业大学生在帐篷营地实现了就近就地就业，月收入达4 000元以上。2024年4月，松赞帐篷营地负责人和仁欣被聘任为百巴村名誉村主任，村企合作迈上了新台阶。不同于以往的土地流转，百巴村党支部打破了"只收租金"的单一收入模式，深度参与松赞帐篷营地的运营，以每间房200元的标准，定期向百巴村分红，带动百巴村集体经济增收。仅此一项，2023年就带动百巴村集体经济增收83万元，集体经济收入从不足4万元，增长至138万元，形成了村集体和企业互惠互利、村企共赢的良好局面，真正做到产业有看头、市场有赚头、群众尝甜头。

作为战略投资方，在户外运动建设项目中，政府投资的1 800万元全资注入百巴镇成立的萨亚布实业有限公司，以萨亚布公司的名义与松赞集团进行合作，按照项目运营期第一年产业资金的4%、第二年产业资金的5%、第三年往后产业资金的6%进行分红，全镇12个村共同受益。2023年，松赞帐篷营地分红资金达到70万元，有效促进了偏远村庄和产业欠发展村庄发展。

（四）治理有效，和美村庄更迷人

百巴村大力开展人居环境整治，扎实推进村容村貌改善、农村垃圾污水治理、厕所革命，人畜分离点、公共厕所、垃圾收集点全面建成。在围墙改造过程中多次征求党员、群众和帐篷营地意见建议，借鉴其他乡村旅游村落成功经验，既彰显原生态、乡土特色，又融入现代化生活元素，留住了乡风乡韵乡愁。

▲ 百巴村人居环境整治项目自建围墙一角

百巴村还坚持将集体经济收入反哺村民。建立百巴村"美丽家园幸福人家"农牧民新风貌积分制制度，按月对每家每户进行评分、评比、公示，从村集体资金中购买物资进行奖励，积极引导群众逐步养成健康、文明的生活方式。推行"一站式服务""一站式办理"和点单、送单式服务，切实解决好群众的操心事、烦心事，累计开展志愿服务活动14场次，为民办实事30余件。2024年，村党支部还通过"四议两公开"的方式，为全体村民缴存医疗保险金6.87万元，村民的生活更有保障。如今的百巴村，推门见绿、开窗见花、抬头赏景，矗立的帐篷、干净的村道、群众的笑脸，无不在讲述着古村蝶变的故事，"一户一处景、一村一幅画、一域一特色"的乡村振兴图景正在雪域高原徐徐展开。

▲ 百巴村"美丽家园 幸福人家"积分超市为村民兑换烧水壶

 经验启示

（一）产业发展方向选择需解放思想、凝聚共识

过去，百巴村由于发展资源少、集体产业落后，村集体经济十分薄弱。坐拥丰富的旅游资源却不知如何发展。百巴镇党委政府和村"两委"班子在认真听取群众意见建议和广泛调研的基础上，不断开拓发展的新思路，决定向外联合，寻找出路。最终，与松赞集团合作建成的百巴村特色旅游帐篷营地项目，正是在全体村民达成"主动服务、长期受益"和"不要租金、不要报酬、减少落地成本"的共识下，才成功落地。

（二）生态资源产业化开发需突出"原汁原味"

从建设到运营，百巴村统筹考虑资源环境承载能力和发展潜力，始终坚持保护与发展并重、生态与旅游并举，加强对藏地"原汁原味"生态环境和特色文化的保护，强化有序开发、合理布局，避免急功近利、盲目发展。如今，百巴村的帐篷营地已经成为当地知名的旅游品牌，美丽的生态颜值正源源不断地转化为乡村振兴的经济价值。

（三）产业健康发展需立足村企共建共赢

百巴村乡村旅游得以持续稳定的健康发展，依赖于村企共赢的发展模式。不仅通过就业和分红使村集体和农户深度参与松赞帐篷营地的运营，还创新性地将外来的经营主体吸纳为百巴村名誉村主任，进而构建起"你中有我、我中有你"的紧密型村企合作关系，实现本地村社和外来企业两个利益主体的激励相容。

（四）乡村旅游提升魅力需重视基层治理

乡村旅游的长久发展，关键在于形成对游客的持续吸引力。百巴村不断改善和优化乡村治理，破除一般乡村旅游重硬件设施、轻文明风貌的弊端，在特色生态资源禀赋基础上进一步加成"软实力"优势，从而破解乡村旅游流量"密码"。

新疆兵团第三师49团：
"团场+企业"投资模式
促进戈壁设施农业大发展

摘 要 新疆生产建设兵团（以下简称新疆兵团）第三师49团依托毗邻图木舒克市副中心和4A级永安湖景区的区位优势，采用"团场+企业"投资模式，通过挖掘潜能优势，突出特色引领，优化区域产业布局，缓解土地资源紧缺问题，吸引设施农业能人聚集，打造师市近郊"菜篮子""果盘子"，擘画了一张以设施农业建设赋能乡村振兴、以特色果蔬种植带动群众增收致富的发展蓝图，带动连队职工群众人均年增收超过3.2万元。

一 案例背景

第三师49团地处图木舒克市西南32千米处，南依叶尔羌河，西靠麻扎山、小海子水库，东临永安坝水库，北邻喀什格尔河。全团2023年户籍人口19 412人，少数民族占比37%。团场下辖20个农业连队4个社区。2024年全团种植总面积24.3万亩，其中种植业面积19.6万亩（主要包含棉花11.5万亩、粮油作物5万余亩、中药材1万余亩），林果业4.3万亩（主要包含红枣、苹果、香梨等），2023年，农林牧渔业实现总产值超22亿元。由于49团位于塔克拉玛干沙漠边缘，降水稀少、气候干旱，光照充足、光热资源丰富，地形以荒漠戈壁为主，土地多为砂质土壤和盐碱地，难以储存水分，农业种植较为困难。为解决农业发展问题，49团大力发展设施农业，探索"政府+企业"投资新模式，招商引资山东大棚种植企业，利用龙头企业技术支撑，在沙漠戈壁发展设施农业。如今在广袤的戈壁滩上，一片生机勃勃的绿色田园正在茁壮成长，有效改善了团场生态环境、减少了风沙灾害，还提高了土地利用率，成功打造了设施农业示范基地，有效带动了群众增收致富。

二 做法成效

（一）科学谋划，构建产业发展新格局

习近平总书记强调，要把产业振兴作为乡村振兴的重中之重。49团党委高度重视产业发展，坚持"稳粮、优棉、强果、兴畜、创特色"的发展思路，走高度融合的农业产业发展之路。探索建立产业发展的政策机制和保障体系，支持现代农业产业发展，引导农户开展承包经营权流转，提高农业产业组织化程度，培育农业专业合作社等新型经营主体，形成集约化和规模化布局。加强产

▲ 第三师49团设施农业示范基地鸟瞰图

业项目谋划，围绕团场产业布局储备产业类项目20余个，资金规模1.74亿元。加快产业项目落地，争取各级财政衔接资金8 160万元，实施产业项目10余个，逐步补齐产业发展设施、技术、营销等方面短板。

（二）因地制宜，擘画设施农业新蓝图

乡村产业振兴要聚焦当地资源禀赋优势，挖掘特色产业。49团依托土地、劳动力等资源优势，采用"龙头企业+农户+基地"模式加快发展现代技术与先进设备武装农业，激励了一批有想法、有能力的职工群众积极参与大棚种植，在有效保障农产品稳定安全供给的同时，减少了耕地占用，弥补了水土资源紧缺，还促进了农业转型升级，带动了关联产业发展，促进了职工群众收入增加，畅通了团连城乡经济循环。截至2024年，团场累计投入各类资金6 500余万元建成温室大棚523座，落实设施农业奖补资金583.1万元。设施大棚按照"辣椒+黄瓜+辣椒"等种植模式，单棚净收益达6万余元，与40亩棉花种植收益持平，人均节约土地38亩。

（三）科技引领，支持推广应用新技术

引入优质企业投资产业项目，不仅可以带动产业发展，还能获取先进的管理经验和技术。49团引进山东优秀企业及技术团队，在戈壁荒滩建起设施大棚，推广普及熊蜂授粉、水肥一体、节水滴灌、暖风炉、补光灯等实用技术，解决了设施农业四季生产问题，实现了1年3茬种植模式，如"辣椒+黄瓜+辣椒""羊肚菌+辣椒+葡萄"等。同时以"请进来、走出去"方式组织广大种植户参加各类果蔬种植培训，累计组织专家现场教学532场次，现场参训人员3 500余人次，有效提升了种植户农业种植水平，提高了农产品质量产量和市场竞争力，培训种植户实现户均增收3.2万元以上，形成职工群众共同富裕良好局面。

（四）市场导向，开辟果蔬销售新跑道

产业振兴必须坚持市场导向，围绕市场需求发展乡村产业。为进一步拓宽果蔬销售渠道，通过"师市支持、团镇主抓、部门协同、政策支撑"工作机

制，主动对接师市周边商超、农贸市场、单位食堂、果蔬店等销售主体，建立长期长效合作关系，与本地商超签订长期稳定供货协议，打造家门口绿色果蔬供应基地，逐步搭建起"基地+超市+院校+市场"的销售平台。在做好本地市场的同时，着力拓展内地销售市场，充分利用援疆省市资源，与内地商超建立合作关系，实行"订单式"销售，将羊肚菌等南疆特色果蔬销往全国。

▲ 第三师49团农产品在超市销售

（五）政企合作，拓宽就业增收新渠道

乡村产业融合发展，必须把促进农民就业增收、推动农民农村共同富裕作为出发点和落脚点。49团积极探索"政府+企业"投资模式，新建设施大棚22座，其中团场投资1 200万元建成19座，企业投资200万元建成3座。通过共同投资方式，成功将企业"稳"在团场。为弥补企业保温材料设计缺陷，团场先后给予企业政策和资金等方面支持，帮助解决企业发展过程中的难题，扶持企业健康发展。发挥企业带动作用，将有意愿的劳动力安置在大棚基地就近务工，解决企业用工需求难题。企业通过传帮带学，帮助务工群众学习掌握大棚

种植技术，实现稳定增收。目前设施大棚带动群众就近就业300余人，人均年增收超过1.5万元，示范带动42户群众自建大棚，户均增收超过3.2万元。

▲ 第三师49团职工群众在大棚稳定就业

（六）搭建平台，探索引人聚人新路径

49团将设施大棚作为南疆团场引人聚人的重要手段。2024年，团场党委利用各类优惠政策引进内地省份优秀高素质人才2 000余人，吸引内地省份800余人落户团场，实现了内地人员在团场创业增收，有效促进了团场经济社会发展。未来，49团将探索大棚替换大田种植聚人模式，企业租赁期满后，计划将团场投资建设大棚按照1人1棚划分给新进人员，实现以有限的土地汇聚更多人口。

 ## 三　经验启示

（一）政企共建是实现团场企业农户共赢的重要方向

小农户经营存在生产弱势与市场化程度低等局限性问题，通常具有经营成本高、风险大、收益低等特点，需要龙头企业带动，尤其要形成企业和农户产业链上优势互补、分工合作的格局，才能实现共赢发展。为此，49团党委坚持产业强团战略，秉持"企业有效益、团场有收益、群众得利益"的发展理念，积极争取各渠道资金，充分发挥企业带头作用，健全完善市场主体和农户收益联结机制，积极探索订单农业等联农带农模式，稳定农户销售渠道与持续增收。通过企业聘用团场劳动力进棚务工形式，帮助职工群众就近就地就业增收，实现团场、企业、农户三方共赢。

（二）打好设施农业"融合牌"是增强产业发展韧性的重要路径

促进设施农业与文化、旅游、休闲深度融合，可以有效提升产业发展价值，提升产业可持续发展水平。为此，49团针对资源有支撑、发展有基础、效益有待提升的帮扶产业项目，因地制宜发展乡村旅游业、乡村服务业，规划确立观光旅游采摘路线，打造集现代高效农业、休闲采摘、旅游观光、科教实验等为一体的产、学、研、游综合项目，为周边居民群众提供沉浸式农事体验的同时，有效提升了农产品附加值，还促进乡村文化传播和体验经济发展，进一步增强产业发展韧性。

（三）科学分析因企施策是促进帮扶产业提档升级的重要举措

落实帮扶产业项目"四个一批"要求是强化帮扶产业项目资产管理，解决产业项目资产利用不足、闲置低效等问题，促进产业项目资产持续稳定发挥作用，保障群众持续增收的重要举措。49团对帮扶产业项目精准分类，科学评估发展状况，对早期建成的大棚，逐步健全冷藏保鲜、冷链物流等产业配套设施，对近年新建大棚，鼓励支持研发新品种新技术新产品，发展果蔬精深加工，提高产品附加值。通过科学分类、精准施策，有力推进帮扶产业提档升级。

第二篇

帮扶产业"四个一批"分类推进

　　2024年中央1号文件提出，"强化帮扶产业分类指导，巩固一批、升级一批、盘活一批、调整一批，推动产业提质增效、可持续发展"。贯彻落实中央部署要求，农业农村部印发了《关于落实"四个一批"要求扎实推进帮扶产业高质量发展的指导意见》，明确了分类推进帮扶产业发展的思路原则、工作目标、推进路径、重点任务和保障措施。

　　落实好"四个一批"要求，要坚持定性定量相结合，对帮扶产业和项目发展状况进行综合研判，因地制宜、因项目制宜提出分类推进路径和具体举措：**一是推进集聚融合，巩固一批。**对市场效益好、链条较完备且发展前景广的帮扶产业和项目，加大政策支持，引导研发新品种新技术新产品，发展精深加工，打造区域品牌，推动集群发展等，巩固良好发展势头，促进产业发展质量效益再提升。**二是强化延链补链，升级一批。**对资源有支撑、发展有基础、效益有待提升的帮扶产业和项目，研判找出发展薄弱环节，加快补上设施、技术、品牌、营销等方面短板，促进提档升级。**三是突出创新赋能，盘活一批。**对暂时经营困难但市场有潜力、前景看好的帮扶产业和项目，在严格论证的基础上，及时帮助纾困解难，促进良性发展。**四是加快转型重塑，调整一批。**对确实难以为继、起不到带动作用且技术落后、市场前景不看好的帮扶产业和项目，要在科学评估的基础上，依法合规有序调整、销号退出。

山西孟县：

从无到有　从有到优
闲置资产炼成"羊银行"

摘　要　为深入贯彻落实党中央、国务院关于帮扶产业发展"巩固一批、升级一批、盘活一批、调整一批"的部署要求，山西孟县东梁乡岑峰村坚持问题导向，认真总结养牛项目失败原因，立足本地资源禀赋和产业基础，扬长避短，引进湖羊养殖产业，通过"四聚焦"模式打造规模化养殖基地。如今，岑峰村养牛项目从闲置资产变成了"羊银行"，分户代养联农带农模式更激发了养殖户的内生发展动力。

案例背景

　　2021年，山西省孟县东梁乡岑峰村利用省级衔接推进乡村振兴补助资金70万元发展养牛项目，由于资金不足、配套设施不完善，缺乏技术人才，管理不善等原因，项目于2022年停产闲置。为贯彻落实党的二十届三中全会精神，按照《中共中央　国务院关于学习运用"千村示范、万村整治"工程经验有力有效推进乡村全面振兴的意见》中关于帮扶产业发展"巩固一批、升级一批、盘活一批、调整一批"的部署要求，孟县东梁乡和岑峰村乡村两级认真总结项目失败经验，立足本地产业基础和资源禀赋，做好帮扶产业调整工作。孟县东梁乡发展养羊产业条件得天独厚，农户养羊历史悠久，且大多种植大田玉米，为养羊提供了充足的饲料来源，节省了草料成本。岑峰村集体经过充分论证和村民集体商议，一致决定转变思路，扬长避短，变养牛为养羊。选择适应性强、生产快、繁殖率高的湖羊品种，相较于本地普通山羊市场竞争力更强。引入专业团队盂县峰源农业科技有限公司合作开展养羊项目，顺利完成了养殖场升级改造、设施配套和种羊购置。产业调整后项目运营状况良好，带动了周边农民就业，成为村集体重要经济来源。

 做法成效

（一）聚焦"资金＋闲置资产"，推进项目建设

一方面，摸清底数。核查测算闲置房屋、设备、厂房等固定资产，对照养羊项目养殖基地建设发展规划，能用的全部利用、不能用的妥善处置，最大限度发挥闲置资产价值。**另一方面，积极筹措资金。**申请乡村振兴资金和壮大集体经济专项资金100万元，引入盂县峰源农业科技有限公司自投资金300万元，利用闲置牛舍改扩建羊舍1 200平方米，购置完善饲料粉碎机、喂料电动三轮

▲ 西梁村分户代养羊圈

车、恒温饮水设施、全自动刮粪机等配套设施。购买澳洲白种羊17只、纯种湖羊6只，为养殖繁育基地建设和投入运营打下了坚实的基础。

（二）聚焦"托管＋联农带农"，提升内生发展动力

"企业＋村集体＋农户"的发展模式，实现了帮扶产业发展"三赢"。**一是村集体"赢"**。2023年岑峰村与盂县峰源农业科技有限公司签订托管经营合同，未来三年公司按照固定投资（即项目总投资170万元）的3%、4%、5%的比例向村集体上缴运营费用，保证了村集体每年都有稳定收入。针对这部分收入，村集体明确了资金用途和分配比例，收益60%用于村内小型公益事业劳务、奖补等，40%留存集体经济组织统筹使用。**二是农民发展生产"赢"**。东梁乡创新探索联农带农方式和路径，依托岑峰村养羊项目，延伸实施澳湖优种肉羊分户饲养、集中购销项目。综合考虑收入水平和农户意愿，筛选出10户低收入群体，由衔接资金支持每户新建20平方米羊圈，每户代养规模20只左右，代养户享受300元/只政府补贴，从公司以400元/只价格获得澳湖羊苗，预计户均年净收益可达1万元以上。分户代养联农带农效果逐渐显现，岑峰村、西梁村、

▲ 岑峰村澳湖羊繁育基地

温家山村代养已初具规模。东梁乡已申报2025年分户代养项目，代养群体将扩大到50户，将带动更多困难群众增收致富。**三是农民就地就业"赢"。**养殖场长期用工3人，脱贫户郑长寿是该养殖场的员工之一，固定月收入3 000元，实现了家门口稳定增收，进一步消除返贫风险。集中繁殖期还会向周边村庄提供10个临时用工名额，农闲时的村民可获得额外收入。养殖场制定了激励机制，每顺利繁殖一只小羊羔奖励10元，有效调动了务工农民的工作积极性。

（三）聚焦"联合＋繁育基地"，壮大产业规模

为进一步做大养羊产业规模，带动更多农户增收致富，东梁乡积极整合全乡产业资源，推动岑峰村股份经济合作社、阳坪望村股份经济合作社、盂县峰源农业科技有限公司三方合作、抱团发展。阳坪望养殖场发挥自身优势，为岑峰村提供部分湖羊产品和澳湖羊繁育经验技术，岑峰村瞄准澳湖羊自繁自育市场着力打造澳湖羊繁育基地，盂县峰源农业科技有限公司负责两个村养羊项目的经营管理，统一运营理念、技术支持和市场销售。三方合力、取长补短，以岑峰村养羊基地为核心，共同打造东梁乡澳洲白绵羊、湖羊、澳湖羊生产繁育

▲ 秸秆干储饲料储存仓库

基地，成为"羊生羊、钱生钱"的"羊银行"。目前，该项目已成为天津奥群牧业的战略合作伙伴，饲养规模达到2 000只左右。

（四）聚焦"防火＋循环"，发展生态养殖

东梁乡共有10个行政村，农业生产以玉米种植为主，秸秆资源丰富。澳湖羊生产繁育基地项目实施以来，秸秆资源得到有效利用，形成稳定的收购、储存、加工、销售种养循环产业链条。东梁乡农业综合发展有限公司和盂县峰源农业科技有限公司建立长期合作关系，负责在全乡范围内收购玉米秸秆，打包加工制成干储饲料。2023年，该项目消化本地玉米秸秆约3 000亩，打包玉米秸秆约600余吨，2024年该项目消化本地玉米秸秆约10 000亩，打包玉米秸秆约2 000余吨。通过秸秆本地资源化利用，一方面减少了偷烧秸秆带来的环境污染和护林防火压力；另一方面为澳湖羊繁育基地提供了充足的饲料来源，有效降低了项目经营运行饲料成本。

三 经验启示

（一）要因地制宜、选准产业，盲目跟风不如立足实际

立足本地产业基础和资源禀赋，因地制宜选准合适的产业，是帮扶产业高质量发展的基础和前提。东梁乡岑峰村认真总结项目失败经验，及时调整了产业方向，不仅发挥了本地养羊传统优势，提升农民参与积极性，还解决了养殖产业饲料原料成本高、缺口大的难题，同时实现了生态种养循环，延伸了饲料产业链，兼具社会、经济、生态价值。

（二）要统筹资源、要素整合，合力发展更具竞争力

因缺乏资金、技术、管理运营能力和市场销售渠道，村集体项目单打独斗失败的例子不在少数。东梁乡整合全乡产业资源，推动岑峰村股份经济合作社、阳坪望村股份经济合作社、盂县峰源农业科技有限公司三方合作，资源互补，以点带面形成区域性的产业阵营，充分运用"龙头企业＋"模式，切实提

升了帮扶产业竞争力。

（三）要联农带农，充分参与，提升农民内生发展动力

从选择帮扶产业项目开始，就要充分吸纳村民意见，将村民利益与村集体发展紧密结合。东梁乡依托岑峰村养羊项目创新的分户代养联农带农模式，将脱贫户嵌入帮扶产业发展链条中，确保脱贫户实现增收就业，提升了其内生发展动力。

好政策送上门
水产养殖大发展

摘 要 江西余干县瑞洪镇深入学习习近平总书记关于"三农"工作的重要论述和习近平总书记考察江西时重要讲话精神，立足当地毗邻鄱阳湖的资源优势，聚焦帮扶产业提质增效，成功将木耳种植产业调整为黄鳝养殖产业，并通过提升硬件设施、优化营商环境、做好营销宣传等要素服务支撑，为黄鳝养殖产业高质量可持续发展注入新活力、新动能，保障脱贫基础更加稳固、攻坚成效更可持续、乡村振兴更有底气。

 案例背景

受三年新冠疫情防控和自然灾害等方面的影响，由江西余干县瑞洪镇11个村集体共同投资的产业"赣鄱木耳种植基地"生产经营状况不佳。为避免造成帮扶产业项目资产闲置，余干县政府牵头成立工作小组，由瑞洪镇政府具体实施，秉承可持续发展理念，综合考虑毗邻鄱阳湖的资源优势和现有产业基础，在科学论证的基础上调整木耳种植产业，转型发展为特色水产养殖产业。瑞洪镇将位于湾头村的原赣鄱木耳种植产业基地改建成黄鳝育苗产业基地，总占地面积31亩，各类生产设施齐全，目前共建有41个标准化温控大棚、1个冷藏仓储车间、300平方米管理用房及生产生活设施等。目前,该基地已成为华东地区最大的黄鳝育苗基地,产品远销全国各地。

 做法成效

(一)培育经营主体,让产业发展更有"劲头"

瑞洪镇引入余干县瑞洪后山养殖专业合作社入驻黄鳝养殖基地。合作社带领专业技术、经营和销售团队对基地进行统一育苗、生产和经营销售,投入近500万元对基地41个大棚进行科学改造升级,形成了"池成方、渠成网、路相通、树成排、排灌畅通、设施配套"的标准化生产格局。制定了网箱加工安装、苗种培育、养殖及冷链物流贸易等全套生产技术标准以及饲料鱼药供销供应和鱼病防治、养殖技术服务体系。仅黄鳝育苗一项,每年可为9个村集体增加20万元收入,提供30余个就业岗位,带来360万元利润,基地实现扭亏为盈。通过发挥基地带动作用,全村发展黄鳝养殖面积达2 800余亩,成为全县10个千亩标准化规模化养殖基地之一,年产量2 700余吨,年产值达1.7亿元,带动村民310余户,户均增收15万元,涌现出了一批销售收入超百万元的养殖大户。

▲ 木耳种植基地转产为瑞洪镇黄鳝育苗产业基地

（二）提升硬件设施，让产业发展更有"派头"

一是完善路网设施，凸显交通优势。瑞洪镇黄鳝基地处余干西部、鄱阳湖东南部、交通区位优势明显，德昌高速、昌万公路贯穿全境，瑞洪大桥横跨信江，距省会南昌仅38公里，离县城28千米，车程均在30分钟左右。为更好发挥交通区位优势，瑞洪镇党委、政府积极行动，通过争取财政衔接资金300余万元，优先对黄鳝基地周边破损道路全部进行修补，积极推进"白改黑"进程，并对基地周边沟渠进行改造升级，让黄鳝基地交通优势更加凸显。**二是升级设施大棚，凸显规模优势。**为满足黄鳝育苗要求，余干县委、县政府及瑞洪镇党委、政府通过财政衔接资金撬动1 000余万元社会资金，对基地原木耳种植大棚全部更新升级，对塑料薄膜进行加厚以便营造培育黄鳝苗生存环境，并在黄鳝养殖基地内建成大型冻库等现代化设备，购进了全自动育苗培育温棚、有专门黄鳝分拣分销场地，成为全省规模最大、设施最全的黄鳝育苗基地。

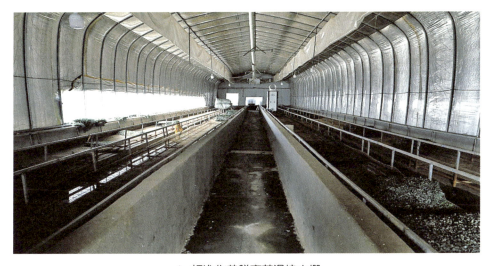

▲ 标准化黄鳝育苗温控大棚

（三）优化营商环境，让产业落户更有"甜头"

一是劳动力资源充足。余干县瑞洪镇属于三乡一镇（原瑞洪镇、梅溪乡、新生乡、东源乡）合并，总人口近10万人，村民有着丰富的农业生产经验，女工日均80至100元一天，劳动力资源充足。**二是提供优质服务**。为更好满足企业落户本地的用工需求，瑞洪镇政府安排一名镇干部专人对接，提前梳理没有外出打工且具有劳动能力的脱贫户、监测户、退捕渔民及低收入人群名单，择优推荐到基地务工。对参与春节期间培训、采摘、清运等工作的脱贫户和监测户安排760元每户的直补奖励，彻底解决基地用工荒的问题。

（四）打造绿色品牌，让产业发展更有"看头"

一是做好富硒富锌文章。2023年，经江西省地质调查勘查院基础地质调查所和中国科学院鉴定，余干—鄱阳地区土壤中硒、锌元素含量较高，瑞洪镇属于富硒富锌土壤优先开发利用建议基地之一，生态环境适宜发展黄鳝养殖。为使富含"硒+锌"这一特色成为本地农产品的一大亮点，让高品质黄鳝苗变成老百姓发家致富的"摇钱树"，瑞洪镇严格控制周边农药、化肥等使用，积极对接江西省农业科学院、江西农业大学、江西水产研究所等高校和机构，跟踪富硒富锌水土的监测工作，并在省、市、县农产品推介会上大力宣传富含蛋白质、微量元素和多种氨基酸的瑞洪黄鳝。**二是唱好农文旅结合戏**。利用区位优势打造大南昌都市圈"后花园"，着力延长黄鳝基地产业链。以黄鳝基地为中心，以康瑞旅游公路为主线，沿线精心打造了柚香园、金鸡山庄、富居山庄等一批"渔味"特色餐饮，以及鄱阳湖汽车露营基地、"老院子"等特色民宿基地，结合周边国家4A级景区上饶市忠义文化园、鄱阳湖插旗洲观鸟旅游基地等，实现农村一二三产业融合发展，给黄鳝产业发展带来新机遇。

三 经验启示

（一）实现帮扶产业可持续发展，做好"土特产"文章是前提

发展好帮扶产业关键在于"特"，要充分利用当地特殊的资源禀赋，发展形成独特的产业形态，生产出独具特色的产品或服务。瑞洪镇抓住当地土壤富含"硒+锌"这一特点，走生态水产养殖道路，打造绿色农产品品牌，提升了农产品附加值，增加了农民收益。

（二）实现帮扶产业可持续发展，做好要素服务支撑是保障

通过资金、人才、科技等要素注入以及配套政策和服务创新，才能更好赋能传统产业转型升级，优化配置资源要素，激发产业新活力。瑞洪镇通过提升硬件设施、优化营商环境、做好营销宣传等服务支撑，大大增强经营主体的辐射带动作用，有力推动黄鳝产业提质增效。

（三）实现帮扶产业可持续发展，深挖乡村乡土多元价值是方向

习近平总书记指出，要依托农村特色资源，向开发农业多种功能、挖掘乡村多元价值要效益，推进农村一二三产业融合，积极延伸和拓展农业产业链，培育发展庭院经济、乡村民宿、研学康养、文化体验、直播电商等农村新产业新业态。瑞洪镇以黄鳝产业为抓手，依托本地和周边丰富的旅游资源，将产业发展充分融入人文要素，拓宽延伸产业链条，全面提高产业效益。

湖北郧西县：

"五链"驱动
赋能致富大"蘑"力

摘 要 湖北郧西县按照"四个一批"要求，持续加大帮扶产业支持力度，不断巩固食用菌产业发展成果，发挥保障链、生产链、市场链、科技链、利益链"五链"驱动作用，形成了集菌种研发、基地种植、加工销售、外贸出口于一体的全产业链发展格局，在强县、惠企、富民上焕发出强大"蘑"力。

一 案例背景

湖北省郧西县地处南北气候分界线的秦巴山区腹地，汉江上游北岸，是南水北调中线工程核心水源区，日照充足，气候温和，是香菇栽培的"黄金岸线"。作为原国家扶贫开发工作重点县，为使易地扶贫搬迁户"搬得出、稳得住、能脱贫"，2018年郧西县精选市场前景广、产业链条长、带贫能力强的香菇产业作为主导产业，当年在15个乡镇、33个村建设香菇生产大棚2 883个，成功示范种植香菇280万袋。2019年，郧西县将食用菌产业作为促进农民增收的"头号工程"，狠抓培育龙头企业、打造区域品牌、抓好种源保护、建强标准基地、强化科技支撑、筑牢食品安全、推动农旅融合、建立联结机制等十项重点工作，走集约化经营、数智化生产、绿色化发展之路。当年共建成种植基地239个、种植大棚14 841个，面积57.4万平方米，辐射全县242个易地扶贫搬迁集中安置区，年可种植香菇2 000万棒。近年来，郧西县坚持保障链、生产链、市场链、科技链、利益链"五链"驱动，食用菌产业实现了突破性发展，在巩固脱贫成果、助农增收、绿色发展和助力乡村振兴等方面发挥了积极作用，成为唯一一个覆盖全县所有乡镇的"农"头产业。2020—2024年，郧西县食用菌规模从2 000万袋提升至6 000万袋，鲜菇产量从1.9万吨提升至5.5万吨，综合产值从9.86亿元提升至35亿元，出口创汇从800万美元提升至1.07亿美元。食用菌产业在强县、惠企、富民上焕发出强大"蘑"力。

二　做法成效

（一）抓强保障链，锻造赋能发展新引擎

坚持政策集成、组织有力，推动资金等要素向食用菌产业链集聚。**一是强化组织保障**。实行"一名县级领导挂帅、一个县直单位牵头、一个工作专班推进、一批专项资金支持"的工作机制，由县委书记担任食用菌产业链长，靠前指挥、一线督战。2024年，召开产业链建设推进会3次、专题培训会4次、品牌推荐会5次。**二是强化政策支持**。出台《郧西县农业特色产业奖扶办法》《关于支持食用菌产业持续发展的补充意见》等政策，重点从培育市场主体、优化发展机制等方面给予支持。2024年共统筹财政资金6 500万元，支持香菇种植、管理维护、菌种研发等11个项目，推动食用菌产业高质量发展。**三是强化风险监测**。通过村申请、乡镇审核、县级审定的方式，研判食用菌产业发展风险，推进"四个一批"分类发展，对全县8个乡镇、17个村、846个因重大项目、地质灾害等不适宜发展香菇产业的大棚，调整至河夹镇杨家湾村，建设集中式智能种植基地，通过智能化种植、自动化制棒、一年两茬循环发展等方式，持续巩固提升香菇基地种植能力，助力全县香菇种植规模从2 000万袋扩展到3 600万袋、其他食用菌从500万袋扩展至2 400万袋。

▲ 智慧绿谷连片香菇种植基地

（二）抓好生产链，激发产业融合新活力

坚持"大抓产业、抓大产业"，推动食用菌产业集群化、标准化、融合化发展。**一是狠抓集群化发展**。在全县18个乡镇（场、区）183个村，建成种植大棚57.4万平方米、制棒基地10个，年可种植食用菌1亿袋，形成多村连片的发展格局。壮大园区集群，在河夹镇杨家湾村建成中国·郧西智慧绿谷，年循环种菇能力达2000万袋；在观音镇龙桥村建设郧西天河双鹰食用菌产业园，年种菇能力新增1000万袋以上。**二是狠抓标准化生产**。提升"一园一谷、两中心、四基地"（现代农业产业园，中国·郧西智慧绿谷，菌种研发中心、菌草研究中心，香菇种植基地、菌草种菇基地、产品加工基地、外贸出口基地）生产能力，配套保鲜库、烘干房24处2.4万平方米，维护种植大棚57.4万平方米、养菌棚10万平方米，保障标准化生产。利用物联网技术对246座智能种植大棚的温度、湿度、光照进行一键式精准控制，解决管理时间、喷水量把握不准等问题。**三是狠抓融合化培育**。促进香菇产业与"福地菇乡""田园沙沟""天空牧场"等农旅景区融合发展，发展全菇宴、菇家乐、食用菌采摘等新业态，让食用菌示范园变"观光园"、种植园变采摘园、香菇产品变特色礼品，

提升附加值7亿元。发展"种菌草—畜牧养殖—栽培食药用菌—生物有机肥—种菌草"现代循环农业，年有效消纳利用农作物秸秆11.6万吨、畜禽粪便69万吨、菌糠菌渣0.8万吨。

▲ 食用菌产业大数据平台

（三）抓实市场链，增添企业发展新动能

坚持精心培育、精准扶持、精细服务，助力市场主体做大做强。**一是做强龙头企业**。强化基础设施配套、香菇种棒研制、企业贷款融资等政策扶持，培植食用菌龙头企业9家。支持诚友公司入选省级农业产业化重点龙头企业、市级民营企业制造业20强，申报国家级龙头企业。培植以"食用菌+马头山羊"为主的农业产业园创建国家级现代农业产业园。**二是培优市场主体**。开展食用菌经营主体培优提升工程，培育食用菌经营主体229个，组建联合社18个，跟踪指导港安公司、绿茵公司等7家企业成功申报规上加工企业。组织诚友、福马等28家加工企业及专业合作社加入十堰市食用菌产业联盟。利用省级供应链引导资金450万元，投资建设智慧化物流仓储，推进"菇多多"供应链建设，让经营主体"链"上稳规模、畅销路、提质效；按照"菌种自己研发、香菇自己种植、技能自己培训、产品自己加工、创一流品牌、实现国外国内供给双循

环"的定位，成功建设一体化供应模式。**三是打响产品品牌。**支持10家市场主体加入"武当山珍"区域公用品牌，实现"借船出海"，抱团发展。开发干香菇、干羊肚菌等初加工产品，研发香菇多糖、香菇面等深加工产品，冷链物流销售鲜香菇，满足市场个性化、多元化需求。引导企业参加各种推介会，实施"入汉—进京—供港—出口"品牌营销策略，多途径提升食用菌产品的市场知晓度、知名度，出口创汇达1.07亿美元。

▲ 郧西县现代农业产业园食用菌加工产品展示

（四）抓牢科技链，延伸产业链条新路径

坚持科技支撑、品质为王，持续优化品种、提高品质、做强品牌，变"卖原料"为"卖产品"，"卖资源"为"卖品牌"。**一是加强科技支撑。**组建贯穿食用菌产业的"智囊团"，邀请国家菌草工程技术研究中心、国家食用菌产业技术体系等专家开展技术合作。国家菌草中心、上海市农业科学院等机构在郧西设立专家工作站、"博士农场"。发展菌草5.5万亩，推广"以草代木"种植香菇500万袋、平菇500万袋、松茸500亩、竹荪500亩等，年节省林木120万立方米以上。依托华中农业大学，建设"秦巴山区香菇高效栽培技术集成与示范推广"项目示范基地。建立县级乡村菌工工作站，培育菌工300名，提升菇

农生产技能。**二是加快菌种培育。**建成鄂西北食用菌种研发中心，配套建设国内先进的标准化实验室、接种室、恒温培养室、菌种生产车间，开展食用菌菌种改良、育种、栽培技术研究，培育"郧西1、2、3号"菌种，引进香菇、羊肚菌、松茸等优良品种6个。支持诚友公司生产香菇菌种480万公斤、食用菌菌棒4 000万袋，郧西县天珍桑蚕菌科技专业合作社生产羊肚菌菌种10万公斤，实现菌种供应本地化。**三是加大品质监管。**建设香菇产业"五位一体"结算管理平台和基地视频监控系统，可从后台适时查询全县菌棒上架、鲜菇销售、资金结算、产量产值等情况，实现"一屏观全域、一键知全局"。加强食用菌产品检测，推进"一品一码"全过程溯源，全面提升农产品质量安全。

▲ 郧西县白参菌丰收

（五）抓细利益链，拓展联农增收新渠道

坚持党建引领、联农带农，推动产业发展助农富农。**一是有效建立利益联结机制。**推行"龙头企业＋专业合作社＋基地＋农户"的经营模式和"集中制棒、分户出菇"的生产模式，让农户分享食用菌产业红利。郧西县银枫山珍专业合作社种植香菇50万袋，带动70户农户务工增收50余万元，并通过供棒保障、技术指导、协助销售等方式，带动7个大户种植香菇47万袋。**二是有效**

带动低收入农户增收。制定食用菌产业奖扶办法，明确将种植主体向"五类对象"（脱贫不稳定户、边缘易致贫户、易地扶贫搬迁户、低保户、退捕渔民）等低收入农户倾斜。同时，将联农带农绩效作为产业项目验收及奖扶的重要依据，确保"有棚必有棒，有棒必有菇，有菇必联农"。2024年，食用菌产业已带动183个村1.5万人、人均增收5 000余元，其中带动"五类对象"10 350人，占比达68%。**三是有效激活门前业态。**以食用菌产业为基础，大力发展沟域经济、庭院经济、订单经济，让条条山沟流金淌银、家家户户增收致富。安家乡长岗岭村探索"沟域经济"模式，建设"沟域产业带、沟谷文旅业、半坡林果业、山顶生态林"的全景式、立体式经济示范带，年发展羊肚菌300万袋，产值达4 000万元。

 经验启示

（一）组织引领是先导

实践证明，推进帮扶产业发展需强化组织领导，健全工作机制，发扬钉钉子精神，锁定目标不放松，在同一张蓝图上"泼墨添彩"才能真正出彩。郧西县由县委书记担任产业链长，实行"四个一"工作机制推进食用菌产业链发展，一棒接着一棒干，久久为功，这是郧西县食用菌产业富民兴县的重要保证。

（二）政策支持是保障

实践证明，推进帮扶产业发展需要加大政府扶持力度，精准施策，充分发挥政策引导作用，为产业发展保驾护航。郧西县出台产业奖扶办法、支持食用菌产业持续发展的具体措施，真金白银鼓励市场主体带头发展、带领发展、带动增收，促进食用菌产业飞速提升。

（三）科技创新是支撑

实践证明，科技创新是推进帮扶产业发展的重要支撑，只有不断推进技术进步才能赢得市场、赢得发展先机，持续做强做大。在食用菌产业发展过程中，郧西县建立"产学研用"创新机制，围绕产业链部署创新链，围绕创新链配置资源链，促进技术创新、产品创新和模式创新，不断提升菌业发展水平。

（四）群众增收是动力

实践证明，搞活经营主体、激活市场要素、唤醒农村沉睡资源是帮扶产业可持续发展的重要途径，促进农民增收是帮扶产业高质量发展的动力源泉。近年来，郧西县通过大力发展食用菌产业，强化联农带农机制，易地搬迁群众实现了"搬得出、稳得住、逐步能致富"，让农民尝到了甜头。

湖南平江县：

聚焦聚力"四全四实"
全面落实"四个一批"

摘　要 认真贯彻落实习近平总书记关于帮扶产业"四个一批"重要讲话精神，湖南平江县坚持规划引领、精准施策、培育主体、联农带农、防范风险的原则，通过聚焦聚力"四全四实"，即全覆盖核查分类、全链条巩固升级、全方位盘活调整、全周期监测监管，有效推动了帮扶产业高质量发展。全县共实施帮扶产业项目537个，带动脱贫人口和监测对象6万余人增收，激发了脱贫群众内生动力，巩固了脱贫攻坚成果，助推了乡村振兴。

一　案例背景

　　平江县地处湘鄂赣三省交界，全县总面积4 125平方公里、25个乡镇（街道），551个村（居），113万人，是全国第一批革命老区和第四大将军县，也是财政部定点帮扶县、岳阳市唯一的脱贫县。全县现有脱贫村136个，脱贫户39 800户135 837人、监测户4 304户13 646人。脱贫攻坚以来，平江县通过多渠道支持资金，大力发展帮扶产业项目，经过10余年的发展，逐步形成了以休闲食品为主导，茶叶、油茶、中药材和乡村旅游等特色产业全面推进的乡村产业发展格局，为巩固拓展脱贫攻坚成果、衔接推进乡村全面振兴提供了有力的产业支撑。但也存在少数帮扶产业项目经营效益偏低、甚至发展停滞；部分项目产业链条不够完备，发展遇到瓶颈；部分项目联农带农方式单一，带农富农效果不明显等问题。为了有效提升帮扶产业发展质量和综合效益，2023年以来，平江县深入学习贯彻习近平总书记关于帮扶产业"四个一批"重要讲话精神，认真落实农业农村部和省市有关部署，对帮扶产业项目进行大起底，逐项目"把脉问诊"，逐项目明确路径和措施，并在认真总结以往经验教训的基础上，提出了规范后续帮扶产业项目实施的全周期管理思路和具体举措，成功探索出聚焦"四全四实"，推进帮扶产业高质量发展的平江模式，取得显著成效。

 做法成效

（一）全覆盖核查分类，做实"三个精准"

下发做好帮扶产业项目"四个一批"全面核查和分类施策通知，全面动员部署。**一是精准定范围。**以全国防止返贫监测和衔接推进乡村振兴信息系统中的帮扶项目资产为基础，以资金投入来源和联农带农要求为主线，重点核查2013年以来全县使用财政、定点帮扶等资金支持实施的帮扶产业和项目。**二是精准摸情况。**按照"谁主管、谁负责"的原则，采取"四看一查一听"（即看运行状况、经济效益、联农带农、项目资产，查问题症结，听取群众意见）方式，对全县537个帮扶产业项目逐个核查评估，建立台账，澄清底子。**三是精准划类别。**为理清帮扶路径，确保精准分类施策，平江县将帮扶产业和项目分开划类，将产业划为巩固和升级两类（产业占比大、参与农户多、链条相对完备、发展势头强劲的休闲食品主导产业划为巩固类；有发展基础、但链条不够完备的"两茶一药"和乡村旅游等特色产业划为升级类），将项目划为四类（关键要素指标都好的划为巩固类；有市场前景、运营现状较好但尚有一些短板的划为升级类；对低效停产闲置但有重新开发利用价值的划为盘活类；对产业发展失败或不宜继续发展的划为调整类）。通过逐个评估、结果公示、逐级审批，全县共划定巩固类项目265个、升级类项目247个、盘活类项目17个、调整类项目8个。

▲ 湖南省幽吉茶业有限公司高山有机茶叶基地

（二）全链条巩固升级，抓实"三个重点"

出台支持休闲食品打造千亿级产业集群和"两茶一药"、乡村旅游升级发展等五个政策性文件，强力推动补链延链强链。**一是扩大规模量级**。新建3 000亩休闲食品产业园、54万平方米标准化厂房、532套园区职工住房，让初创者"拎包即入驻"。每年安排2亿元产业发展基金，从机械制造、包装印刷、冷链物流、原料基地、品牌提升等全链条支持。引进智慧物流园、尚品包装、冷库产业园等休闲食品企业及延链补链强链项目15个，引资总额217亿元，产业链条进一步完备，集聚效应明显增强，2023年全县休闲食品企业达761家，从业人员12万余人，总产值突破400亿元，同比增长14.8%。**二是促进融合发展**。编制一二三产业融合发展规划，重点支持打造山润油茶小镇、九狮寨茶旅庄园、幽吉茶果旅等融合发展示范项目21个、星级休闲农庄59个、生态康养基地31个。2023年全县完成"两茶一药"总产值40亿元。将山润公司纳入全县融合发展重点支持范围，撬动公司投入2.6亿元，成功打造"山润油茶特色小镇"，开启集种植、加工、餐饮、休闲、观光、购物于一体"工厂购"新零售模式，有效推动了农林产业与工业旅游的完美结合。2024年，山润公司已接待游客2.1万人，预计公司年总产值达12亿元，融合发展成果明显。九狮寨茶业公司依托茶旅庄园的融合发展，2024年已完成旅游、培训等三产收入3 600余万元，带动茶叶销售2 100多万元，预计2024年公司年产值同比增长12%。**三是强化要素支撑。**与5所大学、7名院士建立科创平台10个；出台全省首个休闲食品产业放开信用贷款权限，发放专项贷款10多亿元；建成总占地176亩的电商物流产业园和496个村级电商服务站、413家电商帮扶小店，2024年全县电商交易额70.6亿元。

▲ 平江县休闲食品产业园三期

（三）全方位盘活调整，落实"三个到位"

一是处置程序规范到位。对盘活类、调整类项目，在充分征求财政、审计、纪监和群众意见后，按照村级申请、乡镇核查、部门联审、县级审批的流程处理。再在三方机构评估资产原值的基础上，对盘活类项目给予相应政策措施支持，对调整类项目履行相应审批手续依法依规处置。**二是盘活路径明晰到位。**在充分论证评估的基础上，对有发展潜力的闲置资源和存量资产，通过采取租赁经营、入股合作、转型升级、招强引优、灵活重组等多种路径进行盘活。目前全县17个盘活类项目已盘活16个，盘活率94%。三市镇高和村引进金宝园公司大力发展金银花产业，将不合适本地生长的花椒基地调整为金银花种植，组织种植适合本地生长的金银花3 000多亩，效益良好，每年可提供就业岗位500个，并辐射带动基地周边1 260户农户发展庭院经济。**三是联结机制完善到位。**推动建立"企业＋合作社＋基地＋农户"等联农带农机制，通过劳务用工、订单收购、托养托管、保底分红等方式，稳定增加群众收入。伍市镇武岗村因原经营主体管理不善，导致光伏大棚荒废闲置，后通过变更经营主体，由村级集体经济组织返租闲置光伏大棚，大力发展设施农业，建成了水果、蔬菜、育秧等产业基地，走出了一条以"盘活资产，开发资源"为主的村集体经济发展壮大的路子。2023年，为村集体增收196万元，发放劳务工资180余万元，向410户脱贫户和监测户分红34万元。

▲ 平江县伍市镇伍岗村蔬菜大棚

（四）全周期监测监管，严实"三个关口"

一是严控项目新增关。规定凡新增项目入库，即必须有产业发展规划、有经营主体带动、有联农带农路径；凡违法违规、盲目举债、搞形象工程的一律不准纳入；凡巩固升级类、完善产业链、带动能力强的项目优先。根据"三有三不准三优先"原则，抓实多部门联合评审，确保新增入库项目科学可行，合理合规。**二是严把项目实施关**。在项目实施周期内，项目责任单位坚持"方案制定、建设过程、进度资金、竣工验收、资产登记"五到场把关，确保建设内容与实施方案、绩效目标、验收报告、资产登记、运营方案"六项一致"，有效防范资金使用和资产流失风险。**三是严格后续监管关**。建立帮扶产业项目双向评估管理机制，由项目经营主体负责，每季度填报一次《帮扶产业项目运行监测表》，对运营状况开展自评。由项目责任单位负责，定期开展一次实地核查，并出具评估意见。结合评估情况和"四个一批"分类要求，在每年年底，由县农业农村局牵头，组织项目责任单位对项目开展一次动态调整，为下阶段分类施策提供依据。通过加强全周期监管，全县537个项目仅调整8个，帮扶产业实现了高质量发展。

 经验启示

（一）加强规划引领是前提

近10年来，平江县通过修订完善休闲食品、"两茶一药"和乡村旅游、一二三产融合发展等系列产业发展规划，有力有序推动了帮扶产业的健康、强劲发展，为帮扶产业项目"四个一批"发展的精准分类、高效处置和科学储备等提供了方向和支撑，有效提升了资金效益和项目效果。

（二）培育经营主体是关键

依托资金项目、金融保险、人才培养、技术服务、品牌打造等方面的支持引导，2023年以来，平江县新增成长农业产业经营主体326家，为帮扶产业项目的择优发展、全链条发展奠定了基础，产业发展活力得到有效激活。

（三）强化联农带农是根本

平江县将帮扶产业项目的扶持政策与联农带农效果挂钩，将原本较为单一的分红模式，拓展到托管托养、订单生产、劳务用工、保护价收购等10余种联农带农模式，帮扶产业项目的带农效果大幅提升。

（四）防范产业风险是保障

平江县将防范产业风险作为帮扶产业高质量发展的根本保障，建立常态化风险防控机制，将自然风险、市场风险、经营风险等风险的防范，融入项目全周期管理过程，做到及时预警、有效应对，推动帮扶产业项目稳步健康发展。

广东韶关市：
补齐短板弱项
做好"紫土香米"土特产文章

摘　要　为推动乡村产业振兴，广东韶关市湖口镇驻镇帮镇扶村工作队利用本土烟稻轮作优势及紫色泥土稻田等资源禀赋，为南雄丝苗米产业注入科技、品牌、金融等创新要素，通过培育有市场竞争力的经营主体及"紫土香米"品牌，构建了农民、企业、村集体三方共赢的产业合作及效益分配机制，香米种植面积和产业链综合产值显著提升，有效促进了产业提档升级，促进了农村经济的可持续发展和农民增收致富。截至2023年底，南雄市实现香米种植面积1万亩，香米产业链综合产值1亿元，累计销售534吨，销售金额392万余元。

一　案例背景

习近平总书记指出，"产业振兴是乡村振兴的重中之重，也是实际工作的切入点。各地推动产业振兴，要把'土特产'这3个字琢磨透。"韶关市南雄盆地凭借"富锌富硒10万亩紫色泥土稻田、300年烟稻轮作耕种模式、昼夜温差大"三大优势，种出的稻米香气浓郁、品质上乘，是优质丝苗米主产区之一，"南雄丝苗米"列入全国名特优新农产品名录，行销周边数省。但由于缺乏先进加工设施、忽略品牌培育、缺少精加工产品，导致本地产业链条短、效益低。2021年7月，广东省委组织部、广东粤财投资控股有限公司结对组成驻镇帮镇扶村工作队进驻湖口镇。工作队坚持从习近平总书记关于"三农"工作的重要论述中寻求破题"金钥匙"，用时6个月调研分析当地资源禀赋、优势产业、制约因素，并以本地资源为基础、以市场需求为导向、以长效机制为保障，围绕"粮食安全"这个"国之大者"，培育出具有市场竞争力的经营主体，打造了"紫土香米"乡土产品，示范带动南雄丝苗米产业向更高质效转变，有效带动了村集体经济增收、农民增收致富。

 做法成效

（一）坚持产量质量一起抓，激发提质增效新动能

工作队坚持以高质量发展为导向，按照产业化、市场化思维推进香米产业发展，注入"科技、标准、品牌、金融"四大新动力，为南雄市丝苗米高质高效生产打好基础、做好示范。**一是顶层设计谋发展。**为推动香米产业向规模化、标准化、品牌化方向发展，工作队协助南雄市制定《南雄市烟田香米产业高质量发展实施方案》，明确烟田香米产业发展思路和重点任务，投入省级衔接资金1 274万余元打造烟田香米产业高质量发展及基础设施建设项目，系统绘制"路线图""施工图"。**二是做足配套固根本。**坚持藏粮于地，大力推动零散耕地整合工作，解决镇村农田小散碎片、种植低效问题，推动将紫土稻田列入高标准农田优先建设范围，建设形成烟田香米种植基地。针对灌溉用水难题，实施稳粮保供农田水利设施建设，推动横江水库东渠、中渠、支渠修缮加固共约70公里，对91口山塘除险加固和清淤扩容，建设水闸1座、电排21座；投入中央衔接资金103万元改造三面光和挡土墙，增加和改善灌溉面积近3万亩，有效促进稻谷增产增收。**三是科技赋能强龙头。**坚持藏粮于技，聚焦核心种源、关键农机装备等领域，协助南雄市政府与华南农业大学共建烟田香米产业研究院，开发数字农业信息化系统，制定烟田香米产业标准体系，推广使用优质稻种高标准种植香米1 500亩，协调华南农业大学、广东省农业科学院等

科研院校农业专家60人次开展现场技术指导15次。提升智慧农业水平，与广东省现代农业装备研究所合作开发产业园数字平台和移动农情监测车。**四是打造园区延链条**。协助南雄市申报建设丝苗米省级现代农业产业园（扩容提质），总投资2.065亿元，涵盖一二三产业项目20个，打造烟田香米产业化开发中心、优质丝苗米生产设备升级改造项目、米糠产业化生产建设项目、中央厨房智能化生产车间；投入省级衔接资金180.2万元完善2号厂房配套设施，形成"育－种－烘－储－加－销"产业链，实现香米及米蛋白、米酒、米粉、谷物圈、饲料等香米副产品精深加工及高值化利用。开展产业链招商引资，与农业产业化国家级重点龙头企业番灵饲料共同谋划种养循环产业模式，积极推动打造"香米小镇"研学旅游项目，向一二三产业融合发展要效益。

▲ 2022年利用衔接资金在湖口镇实施稳粮保供农田水利建设

（二）坚持培育推广一起做，打响"紫土香米"新品牌

工作队汇集县镇村三级推动高质量发展的推力、激发农民高质高效种植紫土香米的动力、增强市场主体入场生产经营的活力，注入资金、人才、技术助推品牌培育和推广。**一是挖掘内涵育品牌**。工作队深入学习研究新会陈皮、化州橘红等特色农产品的产业发展之路及品牌打造历程，实施品牌培育工程，邀

请农业品牌专家、市场营销专家以及当地农户共同参与品牌培育研讨会，深入探讨品牌创建如何赋予本土特色及文化内涵并转化为市场竞争力，成功孵化了南雄第一个紫色泥土农业品牌"紫土香米"并注册商标，协助南雄市申报"南雄烟田香米"国家地理保护标志产品，推动"南雄水旱轮作系统"入选第七批中国重要农业文化遗产名单。**二是深耕运营扩销路。**投入省级衔接资金199.8万元，统筹运用传统媒体和新媒体加强品牌运营，公开选聘专业品牌营销策划机构承担烟田香米的品牌运营管理工作，推行10名事业合伙人+100名社会知名人士、大型机构点赞+1 000名兼职营销推广员+辐射10 000家客户的"十百千万"营销体系，香米产业相关工作多次在央视CCTV13朝闻天下、新闻直播间及CCTV2第一时间等栏目报道，"紫土香米"成功打入中高档香米市场，累计销售534吨、销售金额392万余元。**三是线上线下齐发力。**加强信息化建设，打造线上营销系统，创新"滴滴农服+米票+金融"模式，推动产业链信息上云，形成农田到餐桌的溯源体系。对接中国对外贸易中心、农友会、林里生活等机构平台推介紫土香米，推动相关产品参加第十二届广东省现代农业博览会。

▲ 工作队在第十二届广东现代农业博览会上推介香米

（三）坚持企业农户一起带，建立增收共富新机制

工作队创新探索生产好、销售好、分配好的乡村振兴产业项目"三好"模式，提出"123原则"：划清1条界线（公有资产与私有资产之间的产权界线清晰）、发挥2方优势（集体资产的平台资源优势，市场主体的经营活力优势）、兼顾3方共赢（企业、农民、集体经济共享产业发展效益），构建符合市场规律、产业规律的烟田香米产业联农带农机制。**一是主体培育带动强。**工作队在产业帮扶中协助当地政府开展香米产业链招商引资，实施新型经营主体培育工程，培育有市场竞争力的经营主体"南雄紫土龙田食品有限公司"，导入社会资本投资香米及精深加工产品的生产销售项目，建立起市场化、专业化的经营团队负责香米生产销售，推动扶持一批管理规范、运营良好、联农带农能力强的农业企业、农民合作社和家庭农场等新型经营主体。**二是联农带农助增收。**构建农民、企业、村集体三方共赢的产业合作及效益分配机制，香米企业市场化运营、自负盈亏，香米企业与农民签订香米订单农业协议，香米稻谷的保底收购价格较一般稻米高5%至10%，并逐步探索按照香米质量给予种植户质量奖励，带动5个村70多户种植烟田香米的农户亩均增收200余元。此外，农民参与香米加工

▲ 湖口镇承平村农田进行宜机化改造后首次规模化种植香米

流通环节可增加劳务收入，香米企业与镇村签订联农带农合作协议，16个村通过折股量化方式参与入股分红，10年预计分红873万元，真正促进企业、农民、村集体三方共赢和良性互动，把农产品增值收益更多留在农村、留给农民。

 ### 三 经验启示

（一）产业帮扶既要立足本土资源，又要善于守正创新

一方水土滋养一方产业，帮扶产业发展必须扎根本土资源禀赋。推动帮扶产业发展不能因循守旧、故步自封，必须立足资源禀赋精准发力，培育特色优势产业。工作队依托当地资源禀赋，在守正与创新有机结合的基础上精准发力，打开高质量发展新局面。

（二）产业帮扶既要注重产品经营，又要注重机制创新

产业帮扶项目的投资和运营要导入市场化、产业化思维，构建高效率运营、可持续发展的项目投资运营机制。工作队创新探索项目"三好模式"，将农村特色资源禀赋与现代产业体系有效对接，激发了帮扶产业高质量发展的活力。

（三）产业帮扶既要注重招才引智，又要培育本土人才

帮扶产业可持续发展，离不开人才的支撑。引进外智外脑，能带来科技的支撑、管理的创新、技术的指导，对产业发展意义重大。但"外引"不能代替"内育"，帮扶产业发展好不好，关键看乡土人才强不强。工作队培育了一支懂技术、善经营、会管理、能带动的本土人才队伍，用"人才兴"持续护航"产业旺"。

（四）产业帮扶既要注重助推"强村"，又要注重保障"富民"

发展壮大村集体经济是实现共同富裕的必由之路。产业项目是联农带农与市场化经营的有机结合，既要富老板，更要富老乡。工作队跳出驻点帮扶的捐赠"输血"习惯，在科学研判、风险可控的基础上推进村集体经济组织参与项目的投资运营，形成长期"造血"模式，有效提高了村集体经济和农民收入水平。

贵州六枝特区：
龙头企业带动调整
升级路上卯足了"牛劲"

摘 要 为贯彻落实2024年中央1号文件关于"强化帮扶产业分类指导，巩固一批、升级一批、盘活一批、调整一批，推动产业提质增效、可持续发展"的部署要求，贵州六枝特区立足当地产业基础和市场需求，对低效闲置的食用菌种植项目资产进行科学评估、重新规划，引进龙头企业贵州黄牛产业集团，先试点再推广，探索出一条通过"生物发酵垫床"技术改造食用菌大棚，调整发展肉牛养殖的新路子，第一批带动7户农户发展养牛1 458头，让1 000余万元的闲置扶贫资产重新焕发生机。

 案例背景

2017年，六枝特区食用菌产业扶贫项目总投资1 000余万元，在月亮河乡把仕村建设食用菌标准化示范种植基地208亩，单体大棚318个。由于项目前期论证不科学、不充分，受当地洪涝、风灾等气候灾害影响，大棚损毁严重导致维护成本增加。食用菌企业管理粗放，缺乏技术，导致食用菌产量不高，一直处于亏损状态。综合以上原因，项目建成后低效闲置。为落实2024年中央1号文件关于"强化帮扶产业分类指导，巩固一批、升级一批、盘活一批、调整一批，推动产业提质增效、可持续发展"的部署要求，六枝特区摸清资产闲置情况，充分考虑当地亟需填补肉牛规模化规范化屠宰空白的产业现状，通过"优化用途、招强引优"引进了龙头企业贵州黄牛产业集团，依托闲置的食用菌产业扶贫项目资产，将食用菌种植调整为发展肉牛养殖。

二 做法成效

（一）搭平台，促产业调整

一是引进龙头。六枝特区政府成立六枝特区扶贫开发投资有限责任公司，并引进有实力的龙头企业贵州黄牛产业集团，共同组建贵州黄牛产业集团六枝特区有限责任公司，合作期限10年，充分发挥龙头企业作用推动当地肉牛产业发展。以贵州黄牛产业集团六枝肉牛SPV公司为龙头，在中寨乡建成饲养养殖1 500头、在岩脚镇建成存栏2 000头的优质肉牛养殖场，在月亮河乡发展大棚养殖肉牛1 400余头，辐射带动肉牛产业带发展。通过"强龙头、带农户"模式，建立"公司+合作社+农户"三位一体生产体系，推广自繁自育、采购育肥、股份发展、合同约定等多种养殖模式带动农户发展肉牛养殖。**二是试点先行。**公司引进生物发酵技术，按生物发酵技术要求将3个食用菌大棚改造成

▲ 食用菌产业扶贫项目建成后全景

2个养殖大棚，作为探索利用食用菌种植大棚改造生物发酵床养殖肉牛的试点。经过一年的试点试验取得了成功，将进一步推广改造月亮乡把仕村的318个食用菌大棚。

（二）抓规范，提产业标准

大棚改造完成后，带动养殖大户入驻发展能繁母牛养殖，进行标准化管理。**一是统一管理**。由贵州黄牛产业集团安排技术团队入驻养殖点，统一技术、集中管理，保证标准化、规范化养殖。**二是统一牛源**。在牛源品质上得到全面的保障，同时配备相应的购买服务团队，降低入驻大户牛采购成本。**三是统一配方**。建立草料仓和草料超市，养殖点草料集采集供并统一配送，保障草料供应充足。**四是统一技术**。严格按照技术规范，统一草料投放、药物使用、疾病防控及养殖环境生物防控，大大减少牛只发病率，降低死亡率。**五是统一回购**。依托贵州黄牛产业集团全产业链条，签订回收回购协议，农户不受市场波动影响，收益稳定。

（三）强科技，绿色生态发展

一是严格粪污处置。大棚改造采用生物发酵床技术，全方位设置防渗层，多层铺设垫料，及时清理更换发酵垫层，确保零排放、零渗漏，有效处理粪

▲ 大棚改造采用生物发酵床技术铺设防渗层

污，避免对生态环境造成污染。**二是节约土地资源。**在原有大棚内铺设生物发酵垫层，不需要新建养殖圈舍，节约了有限的土地资源。**三是增加生态效益。**生物发酵垫床垫料可为六枝特区高标准农田建设点提供土壤培肥原料，截止目前，已提供原料800余吨。

（四）金融帮扶，降低产业风险

公司为养殖户选购的能繁母牛提供保险服务，为每头母牛购买两份保险，分别是：政策险保费320元（财政资金补助214元，养殖户自缴保费96元），保额8 000元；商业险保费400元，保额12 000元）。同时，公司、金融部门及六枝特区就业局三方联动，开展"政银企"联农带农项目，即公司和就业局为农户创业贷款进行反担保，农户通过与保险公司签订协议，将赔付第一受益人确定为放贷金融机构，并向市人资社保局争取创业贷款贴息，优先用于农户贷款贴息，贴息后农户只需承担年化利率2.35%，解决了贷款审批难、贷款贵的问题。对贷款500万元以上的养殖企业，协调担保公司为养殖经营主体提供担保。2023年，全区共投保肉牛6 163头，理赔资金214万元，带动35户农户、20个养殖企业（含合作社）参与能繁母牛养殖，协调金融部门授信5 963万元，实际放贷4 980.96万元，区域内新增能繁母牛2 707头。

▲ 及时更换垫层，保持垫层干燥

三 经验启示

（一）"量身定制"是调整盘活帮扶产业和项目的关键

六枝特区立足本地产业基础和市场需求"量身定制"产业规划；针对当地闲置低效的帮扶项目资产特点"量身定制"调整模式；聚焦农民发展产业"供血不足"的困难"量身定制"金融帮扶联农带农政策。由此可见，工作聚焦、服务到位、保障有力是当地成功进行产业调整，有效盘活闲置资产的关键。

（二）"试点示范"是实现帮扶产业稳步发展的保障

从食用菌种植大棚调整转产发展能繁母牛养殖，必须经过科学规划、充分论证、稳步推进，不可急于求成。贵州黄牛产业集团利用生物发酵技术，经过一年的试点试验成功后才继续投入1 100万元对其余大棚进行改造，并坚持不大拆大建原则，减少前期投入，缓解盘活主体资金投入压力。

（三）"兼顾利益"是确保帮扶产业可持续发展的根本

一是要兼顾经营主体利益。前三年贵州黄牛产业集团免租使用大棚，改造260个大棚可免去78万元租金。合作期结束后，资产归六枝特区扶贫开发投资有限公司所有，充分调动了经营主体的积极性，避免原资产价值损失，实现保值增值。**二是要兼顾农户利益。**联农带农利益联结，促进农户就业增收是帮扶产业发展的应有之义。截止目前，农户已获得土地流转费30余万元，就近务工就业222人次，人均年增收达4.5万元。

云南隆阳区：

从精耕细作到集聚融合
推动小粒咖啡全产业链开发

摘 要 云南隆阳区是保山小粒咖啡的核心产区，近年来，以产业融合发展为目标，以打造精品咖啡庄园为主攻方向，从发展咖啡种植基地、提升精深加工率、推动龙头企业集聚发展、强化品牌宣传以及加大市场开拓力度等方面入手，隆阳区多措并举，推动构建一二三产业融合发展的现代咖啡产业体系，实现从原料大市向加工、旅游、贸易和文化强市的转变，成为咖啡产业的"塔尖"。截至2023年底，已培育发展咖啡企业48家、合作社187个，带动咖农1.56万户、5万余人，户均增收3.2万元，较2022年增长88%。咖啡产业已成为隆阳区巩固脱贫攻坚成果同乡村振兴有效衔接的重要产业支撑。

一 案例背景

保山特殊的地理气候环境，孕育了世界一流的精品小粒咖啡。1960年中央农垦部部长王震到云南考察小粒咖啡生产情况，并对保山咖啡种植作出指示。1980年国家四部一社在保山召开第一次全国咖啡会议后，保山咖啡产业得到全面发展。1993年，保山小粒咖啡在比利时第42届布鲁塞尔尤里卡博览会上荣获尤里卡金奖，成为目前全国唯一获得过世界金奖的咖啡产品。但由于缺乏科学的产业规划、项目支撑，资金、技术等投入不足，咖啡产业一直处于低端运行，企业规模小、组织散、品牌弱，有好的品质但没好的价格。近年来，隆阳区以产业融合发展为目标，以打造精品咖啡庄园为主攻方向，通过一系列创新举措，在种植端精耕、加工端细作、消费端融合，推动咖啡一、二、三产业融合发展，实现了从农产品原料向精品化、全产业链发展的转变。目前，已开发烘焙豆、冻干粉、挂耳咖啡等特色咖啡产品10余种，注册产品商标400余个，申请专利12个，建成国家咖啡检测重点实验室、首个咖啡专家工作站、咖啡产业研究院等科研平台，设立咖啡学院、咖啡职业培训学校，获得国际精品咖啡Q证品鉴师、冲煮师、烘焙师、咖啡师等专业技术人才100余人。2023年，隆阳区咖啡庄园共接待游客50万人次，辐射带动咖啡主产区餐饮企业280余家，新增就业岗位5 000余个，实现咖啡全产业链产值20亿元，同比增长11.7%。

二 做法成效

（一）种植端"精耕"，推动产业从拼数量向拼质量转型

基地是原材料的重要保障。隆阳区从精品咖啡种植、老咖啡园提质增效、绿色有机基地打造、水肥一体化基地打造等方面下功夫，实现了咖啡产量和品质"双提升"。**一是优化布局让咖啡种植"稳"起来。**围绕怒江峡谷两岸、海拔1 000米至1 800米适宜范围，以潞江镇为核心产区，带动周边6个乡（镇）适度发展，布局12万亩咖啡种植区域。从20世纪50年代的1万亩、产量不足1 000吨，发展到2023年的11.7万亩、产量2万吨，种植面积增加了近11倍、产量增加了近20倍。**二是发展优品让咖啡种植变得"精"起来。**引进和培育适合本地的优势品种，大力推广水肥一体化种植技术，对咖啡园实行规模化、标准化管理，以订单式收果、分级定价、精细加工等方式对原料质量进行严格把关。现已发展瑰夏、波邦、铁皮卡等精品咖啡种植面积5 000余亩，有力推动咖啡产业从拼数量向拼质量转型。2022—2023年产季，"云咖RJS2号"SCA评测高达86.75分，保山瑰夏品种在2022年评测为91分，品质堪比世界顶级的巴拿马瑰夏。**三是建好基地让咖啡种植"绿"起来。**通过优化品种结构、科技创

新、中低产园区改造等措施，建立"企业+村集体+合作社+农户"等利益联结机制，以土地出租、订单收购、生产托管等方式扩大规模种植，推行基地标准化种植，打造绿色、有机基地2.74亩。坚持绿色生产，认证绿色、有机咖啡产品63个，建立农产品质量可追溯体系，全区咖啡绿色发展更加鲜明，产品竞争力大幅提升。

▲ 隆阳咖啡种植园

（二）加工端"细作"，推动产业从初加工向精深加工升级

市场新动向推动了"精品咖啡"概念形成，隆阳咖啡精深加工也在飞跃发展。2023年，全区咖啡产业实现工业产值15.13亿元，同比增长14.97%。咖啡精深加工率60%，居全省第一。**一是培育龙头提升产业"新引擎"**。积极扶持和引导企业申报各级农业龙头企业，支持企业发展壮大，现有咖啡精深加工企业29个，咖啡品牌26个。亚洲单条产能最大的悬空式咖啡生豆分拣精选生产线已建成投产，设计年最大生产量5万吨，日加工量150吨。**二是精细加工激活产业"新动能"**。大力发展"咖啡+园区"经济，全链条发展精品咖啡产业，在保山产业园区规划180亩土地用于保山精品咖啡产业园建设，组织10家

咖啡企业入驻保山精品咖啡加工园区，支持4家企业新建或改造提升咖啡精深加工生产线，形成加工专业化、产品精品化、产业集群化的高质量发展格局。目前，已建成仓储物流厂20万平方米，进驻企业11家，咖啡文化园进驻11家，逐步成为面向全国的咖啡仓储物流集聚地。

▲ 保山咖啡产业园区

（三）消费端"融合"，推动产业影响力和竞争力持续提升

一是擦亮品牌重塑产业"新记忆"。以"保山小粒咖啡"地理标志证明商标为核心，构建"区域公用品牌+企业产品品牌"的品牌体系。全区注册咖啡商标500余个，比顿、中咖、新寨、景兰获云南省著名商标，获专利12个，"保山小粒咖啡"品牌入选农业农村部"2023年农业品牌精品培育名单"、全国"土特产"推介名录，荣获"全国名特优新农产品"称号，成为首个获得该称号的咖啡，中咖、比顿被评为2022年云南省"十大名品"，"新寨""高晟庄园""白虎山"等7个品牌入选云南省"绿色云品"品牌目录，"一座保山""保山小粒咖啡"入选云南省绿色云品（区域公用品牌）。**二是文旅融合开辟产业"新路径"。**围绕"咖啡庄园化、庄园景区化、景区特色化"的发展思路，为游客提供"从种子到杯子"的"一站式"咖啡文化体验服务，支持鼓励群众以土地

和房屋入股方式，把公共用房、闲置农居建成集咖啡加工体验、文化展示、旅游观光、产品销售为一体的咖啡文化体验馆、文化体验区。目前，隆阳区已建成具有一定影响力的农文旅融合精品咖啡庄园17个，成功创建高黎贡国际精品咖啡文化园4A级景区，比顿咖啡产业园入选中国美丽乡村休闲旅游行（夏季）精品景点线路并获全国推介。**三是创新驱动拓展产业"新天地"。**大力发展电商、直播带货、网红打卡等新业态，全区有咖啡电商企业42户，咖啡电商交易额达4.28亿元。保山中咖公司成为全国唯一咖啡类电商示范企业，年销售额从10年前的350万元上升到2.49亿元，隆阳区已成为全国焙炒咖啡销量最大的县区。开展咖啡文化"进机关、进企业、进商超、进高校、进景区、进宾馆"活动，全方位宣传推介，树立保山小粒咖啡"优质、精品"品牌形象。2023年，咖啡全产业链产值达46.28亿元。**四是助农增收实现产业"新目标"。**为"撑起"咖农收入，隆阳区坚持"内培外引"抓市场主体发展，培育壮大了一批覆盖面广、带动力强的本地企业和农民专业合作社，咖农入社率90%以上。通过建立"村党支部＋企业＋合作社＋基地＋农户""公司＋合作社＋基地＋农户""公司＋村集体＋农户""咖啡庄园＋合作社＋基地＋农户"等利益联结机制，至2023年底，已培育发展咖啡企业48家、合作社187个，带动咖农1.56万户、5万余人，户均增收3.2万元，较2022年增长88%。被誉为"中国咖啡第一村"的隆阳区新寨村，以建设全国乡村旅游重点村为契机，积极推进建设10个咖啡庄园、100户农家咖啡小院、1 000亩咖啡精品基地等。充分发挥"党建＋乡村振兴"引领作用，带动更多农户积极投身咖啡产业，覆盖全村502户农户。

▲ 新寨村三号咖啡庄园

▲ 游客品鉴咖啡生豆

2024年，新寨村已接待游客15万人次，村级集体经济收入从2018年的2.8万元增加到43万元，发挥了一品带一村、一村带一域的放大效应。

 三　经验启示

（一）党组织的坚强领导是发展帮扶产业的核心

推动乡村五大振兴，组织振兴是根本保证，实现新时代乡村振兴，必须增强各级党组织特别是基层党组织的政治领导力，着力发挥党集中力量办大事的政治优势。隆阳区始终坚持党建引领，注重发挥基层党组织作用，把政策、资源、人才等要素组织起来，科学规划产业布局，积极引导党组织领办咖啡专业合作社，让更多群众参与到产业发展中来，探索实现了帮扶产业多村联建、区域合作、抱团发展、共同富裕的新模式。

（二）依托资源禀赋是发展帮扶产业的基础

产业振兴需要因地制宜，发挥当地资源优势和特色，创新发展模式和机制，推进产业集聚和转型升级。保山特殊的地理气候环境，孕育了浓而不苦、香而不烈、略带果酸的精品小粒咖啡，素有"中国咖啡在云南，云南咖啡在保山"的美誉。隆阳区充分发挥小粒咖啡原产地优势，通过种植端"精耕"、加工端"细作"、消费端"融合"，实现了咖啡种植、生产、加工和乡村旅游有机融合，实现了从"一产"到"三产"全产业链呈现。

（三）三产融合是发展帮扶产业的重要途径

发挥特色产业优势，拓展农产品深加工，形成"扩大一产、拓展二产、融合三产"的产业发展格局，才能增强产业"造血功能"，不断满足人民日益增长的社会需求。从种子到杯子，保山咖啡的"精品化"之路，离不开一产、二产、三产的共同努力。一产加强了品种选育，二产提高了精深加工率，加强了品牌建设，三产促进了咖啡产业与旅游产业的融合发展。

甘肃麦积区：

质量效益双提升
打造致富新"蜜"方

摘 要 近年来，甘肃麦积区牢固树立"乡村要振兴，产业必先行"的发展思路，紧紧依托区森林覆盖率高和蜜源植物丰富的资源优势，将养殖成本低，周期短，见效快的中蜂养殖培育为当地特色优势产业之一。通过出台扶持政策、规范养殖技术、培育区域品牌、促进产品研发、拓宽销售渠道等措施，促进了质量效益双提升，增加了群众收入，真正践行了"绿水青山就是金山银山"的理念，实现了"生态美、产业兴、百姓富"的和美乡村新面貌。

一 案例背景

麦积区横跨黄河长江两大流域，地处秦岭西端的小陇山林区，森林覆盖率高达68%。境内四季分明，蜜源植物品种丰富、花期长，自然和生态条件优越，是世界公认的中国唯一一个世界级蜜源地，也是我国四大放蜂路线之一的西线必经地。2 000多年前，中华养蜂鼻祖姜岐就在天水故里开始教授人们养蜂。千百年来，当地农户一直延续着养殖中蜂的优良传统，积累了丰富的诱蜂、生产和取蜜经验，为发展中蜂养殖打下了坚实的群众基础。近年来，麦积区按照"区域化布局、标准化生产、产业化经营、电商化销售、社会化服务"

的发展思路，立足自然资源禀赋，依托甘肃省蜂业技术推广总站技术优势，以区域内林区林缘区为主战场，持续加大政策扶持，优化养殖结构，强化技术指导服务，全力推进中蜂养殖扩量提质，全区中蜂产业规模效益实现双增，已成为麦积区"特色优势甜蜜产业"。

 二　做法成效

（一）强化组织引领，加大政策扶持

一是因地制宜，优化布局。成立"麦积区蜂产业办公室""麦积区蜂产业协会"，制定出台《麦积区中蜂产业发展规划（2021—2025年）》《麦积区中蜂产业园建设实施方案》，将全区17个镇和道北街道划分为核心区、次核心区和辐射区，分区分类精准制定发展措施，多区联动推进中蜂产业健康发展。**二是加大投入，强化保障。**累计落实各级财政奖补资金3 500余万元，为蜂农发放蜂群5 820群、蜂箱2万个，种植蜜源植物5 500余亩，建成自动气象灾害预警监测站1座，新发展蜂农650余户。目前，全区中蜂养殖量达到4.5万群，年产蜂蜜约370吨，年产值近4 000万元，养殖规模和产值逐年扩大。**三是联农带农，企户共赢。**建立健全"龙头企业＋合作社＋脱贫户"发展模式，培育发展中蜂

▲ 党川镇石咀村"智慧蜂场"集体经济收益分红大会

产业关联企业、合作社、家庭农场38家，其中"省级中蜂繁育基地"1处，"省级示范蜂场"5家，市级"畜禽养殖标准化示范场"2家，区级中蜂标准化养殖示范基地9处，有力带动了全区1 805户农户（其中脱贫户893户）参与到养蜂的"甜蜜事业"中来，有效增加了农民收入。

（二）强化科技支撑，规范养殖技术

一是制定标准，提升技术。制定《杂交蜂王培育技术规范》等2个甘肃省地方标准和《中蜂活框养殖技术规程》等企业标准，印发《示范蜂场建设标准及管理办法》，完成省、市、区列科技项目13项，取得国家实用新型专利3件。通过技术提升，每箱中蜂的产蜜量由以前的6.6公斤提高到8.7公斤，每箱增收200多元。**二是持续培训、示范带动。**将技术培训作为增强产业造血功能的切入点，组建麦积区中蜂养殖技术研究与推广服务专家团队，探索形成"中央组团式乡村振兴科技特派团专家+天水市领军人才+受扶地工作室成员+乡土人才""师带徒、老带新"的传技方式，通过理论讲座、基地实训、座谈交流、外出观摩、跟踪服务等多样化培训方式，重点推广中蜂活框养殖、浅继箱养殖、培育强群蜂和成熟蜜生产等新技术。先后举办中蜂养殖技术培训班75期，培

▲ 丰收的喜悦

训4 500多人（次），培养"全区养蜂能手"3人、"土专家"12人。**三是技术创新、提质增效**。积极创新智慧养蜂新模式，推广智能蜂箱500个，配套开发手机App应用程序，养蜂人和消费者可实时获取蜂群和环境信息，实时监控蜂箱温度、湿度、重量、噪音和蜂箱内蜂群数量等详细数据，同时蜂农和专家可全天候实时在线，及时解决疫病防治等问题，显著降低了蜂农开箱次数，减轻劳动强度，单箱产蜜量提升15%以上。

（三）强化品牌培育，着力打造"麦积山花蜜"公用品牌

为做大做强品牌，在生产环节，全区蜂产业严格按"五统一分"的模式组织全产业链生产，即：统一标准、统一供种、统一品牌、统一包装、统一销售，分户生产。在加工环节，龙头企业每年保价收购蜂农波美度42度以上的蜂蜜，经过精深加工，开发"蜂蜜水""勺蜜""巢蜜""椴树蜜"等单一植物蜜等新产品，促进蜂产品向多元化方向发展。在销售环节，充分利用脱贫地区农副产品网络销售832平台，辐射带动各镇电子商务中心，进行对外销售，有效拓宽了销售渠道、提升了产品附加值。在品牌创建环节，深入推进"两品一标"认证，"麦积山花蜜"取得农业农村部地理标志认证，并入选"甘味"农产品区域公用品牌目录，荣获第二十一届中国绿色食品博览会金奖和第六届全国蜂产业发展大会暨蜂产品博览会金奖。

（四）围绕园区建设，推进三产融合

坚持"强链、补链、延链"的全产业链发展原则，狠抓中蜂良种繁育基地、智慧养蜂基地、蜂产品研发基地和蜂产品精深加工基地等四大基地建设，累计投入各类建设资金8 700多万元，2024年"麦积区中蜂养殖产业园"创建成为"天水市现代农业产业示范园"。**一是拓展营销新业态**。按照"基地在内、市场在外"的思路，通过全区5镇11家智慧蜂场，利用手机"App"，打造了集蜂产品展示交易、支付和信息服务于一体的线上交易电商平台，推广认养蜂箱和购买蜂蜜。通过蜂箱认购，每斤蜂蜜的售价超过60元，最高达每斤200元，蜂农增收效果明显。**二是推进休闲蜂业与乡村旅游相结合**。深入挖掘蜜蜂

勤劳、团结和对甜蜜生活的追求等文化内涵，在党川镇石咀村着力打造集蜂蜜加工生产、手工制作蜂产品体验、文化娱乐、科普展示于一体的多元化蜜蜂文化观光体验园，开发以蜂蜜产品为主题的菜品和旅游商品，大力开发"蜂旅结合——亲子游"等项目，每年夏季来此旅游休闲的市民达到每天1 000人以上。

三是拓展中蜂授粉增收新途径。全区成立8家第三方专业蜂授粉服务组织，在花牛、石佛、马跑泉等镇建立苹果、樱桃、草莓等果蔬蜜蜂授粉示范基地12处6 450亩。通过中蜂集中授粉，苹果座果率提高30%，畸形率降低了15%，农药使用量减少20%以上，增产20%以上，有效提升了全区果品质量和产量，促进了以养殖业为牵引带动农业产业结构优化升级。

▲ 党川镇石咀村智慧蜂场

 **经验启示**

(一)因地制宜是帮扶产业发展的基础

依托本地资源禀赋，因地制宜统筹选准适合当地发展的优势特色产业，是帮扶产业发展的基础。麦积区紧紧依托当地森林覆盖率高和蜜源植物丰富的资源优势，将养殖成本低、周期短、见效快的中蜂养殖培育为当地特色优势产业之一，并且充分利用丰富的蜜粉源植物作为中蜂养殖的主要原料，从而降低生产成本实现增收，为产业可持续发展提供了基础。

（二）政策扶持是帮扶产业提升的保障

政府工作到位、服务到位，产业才能兴旺发展，群众才能从中受益。麦积区中蜂养殖产业之所以大有可为，离不开当地政府的大力支持。通过政策扶持，采取生产补助、劳务补贴、以奖代补、先建后补等方式，为脱贫群众提供基本的生产资料，引导脱贫群众真正参与到全产业链发展的各个环节，既增加群众就业人数，又稳定实现增加收入。

（三）联农带农是帮扶产业兴旺的动力

要牢牢守住不发生规模性返贫这条底线，就要增强脱贫群众的内生发展动力，不断健全带动脱贫群众勤劳致富的利益联结机制，带动更多的脱贫群众就业增收，为巩固脱贫攻坚成果，实现乡村全面振兴和农业强区打下坚实基础。麦积区建立健全"龙头企业＋合作社＋脱贫户"发展模式，着力培育发展中蜂产业的关联企业、合作社、家庭农场，有效带动了脱贫群众就业增收。

青海海东市：
发展高原冷凉蔬菜产业
拓宽群众增收富民道路

摘 要 高原冷凉夏菜，是在海拔2 000～3 100米之间地区生产的优质蔬菜，以其无污染、病虫害少、绿色健康而深受全国市场特别是南方市场青睐。为加快产业提质增效发展，发挥产业示范引领作用，青海省海东市充分利用衔接资金重点支持产业发展的契机，全力建设全省绿色有机农畜产品输出地，围绕建链补链强链，强化扩面增量，培育新型经营主体、开展绿色有机认证，拓展销售市场，将高原冷凉夏菜打造成为外向农业发展的"主攻手"和农村经济增长的"主引擎"。通过构建有效的联农带农机制，使"小蔬菜"成为群众增收致富的"大产业"，为巩固拓展脱贫攻坚成果构筑了坚实基础。

 一 案例背景

　　青海省海东市地处甘肃省兰州市和青海省西宁市的兰西城市经济圈节点，古称"河湟地区""河间道"，农耕文化历史悠久，喇家遗址出土了距今已有4 000多年历史的"世界第一碗面条"。全境平均海拔1 650米至4 636米，辖2区4县95个街道乡镇1 587个行政村，乡村人口130.82万人，耕地保有量291.46万亩，粮食及"菜篮子"产量占青海全省"半壁江山"。近年来，海东市充分利用财政衔接资金集中支持产业发展的优势，锚定高原冷凉夏菜产业发展，在资金要素、土地要素、人才要素、政策措施等方面加大扶持力度，通过建基地、扩规模、重科技、提质量，育主体、强服务，树品牌、强流通等一系列帮扶措施的实施，逐一打通补链强链的关键节点，形成了市场竞争力较强的高原冷凉夏菜产业链。全市高原冷凉蔬菜面积由5年前的1.5万亩增至目前的6.2万亩，其中"供港"蔬菜基地2.1万亩，产量由3.6万吨增至15.4万吨，规模位居全省第一，年产值达7.39亿元，带动4万余户农户持续增收，群众就近就业增收2.6亿元，走出了一条特色鲜明、联农带农成效显著的高原冷凉蔬菜产业发展之路。

 做法成效

（一）坚持规划引领，夯实产业发展基础

海东市依托高原冷凉气候，始终把发展蔬菜产业作为保供给、稳物价、惠民生的重点工作，制定全市高原冷凉夏菜发展实施方案，纳入全市"十四五"规划，与"三农"工作同谋划、同部署、同推进、同考核。按照"统一规划、合理布局，连片开发、集约经营"的原则，积极推动土地适度规模流转，转包、租赁土地达85.95万亩，占到全市耕地总面积的26.7%，建立万亩设施蔬菜生产基地1个、千亩设施蔬菜生产基地6个、百亩设施蔬菜生产基地62个，培育凯峰、丰之源等7家蔬菜产业化龙头企业，国家级、省级、市级蔬菜生产示范社459家，持续带动全市蔬菜产业规模化、全链条、高质量发展。

（二）推动创新发展，强化产业科技支撑

充分发挥国家农业园区和院士专家工作站的示范引领作用，建立"寿光模式"蔬菜专家库，吸纳省内外42名专家进库，依托基层农机推广改革与建设项目，选聘技术指导员150名，组建了蔬菜产业专家团，设立蔬菜技术服务中心，建成高原工厂化蔬菜育苗中心，建立技术骨干包片、技术人员联点制度，采取手把手现场讲解、入户面授交流、集中培训等方式，扎实开展蔬菜主导品种、

主推技术筛选、推广工作，工厂化繁育各类蔬菜种苗7 500万株，蔬菜良种覆盖率达98%以上，积极推广水肥一体化、绿色防控、无土栽培、嫁接育苗等新技术，为冷凉夏菜产业高质量发展提供了强有力的人才保障和技术支撑。

▲ 工厂化为种植基地提供优质种苗

（三）整合优势资源，不断激发内生动力

积极推广"龙头企业＋合作社＋农户""公司＋合作社＋基地＋农户"等模式，着力打造从"散"到"聚"的蔬菜经营主体，推动蔬菜生产逐步向专业化、合作化的适度规模经营转变。依托龙头企业、合作社等新型经营主体，采取统一育苗、统一标准、统一管理、统一品牌、统一销售和分户种植"五统一分"推广模式，辐射带动农户种植特色蔬菜，让菜农的"单打独斗"变为"抱团发展"，农户参与蔬菜产业发展的收益更高、更加稳定，内生动力更加充沛。截至目前，全市从事蔬菜生产加工的企业、合作社、种植大户近700余家，带动4万余户农户持续增收，群众就近就业增收2.6亿元，"小蔬菜"逐渐成为群众增收致富的"大产业"。

（四）加大投入力度，促进蔬菜产业振兴

投入支农资金6 000万元、乡村振兴衔接资金4 000万元、东西部协作资金1 600万元，因地制宜扶持发展特色蔬菜生产、加工等产业链条，谋划实施了

▲ 供港蔬菜采摘现场

万亩菜薹供港蔬菜基地、蔬菜产业配套设施提升、有机独头蒜种植基地等帮扶产业项目，支持基地建设、物化投入及市场化和数字化建设，项目促进蔬菜产业提质增效、带动群众增收效益明显。其中，利用东西部协作资金实施的万亩菜薹供港蔬菜基地项目，带动群众增收6 700余万元。高原有机独头蒜种植基地获得欧盟和美国双有机基地认证，生产的独头蒜获得天然富硒有机产品认证证书，产品实现了出口美国和欧盟，显著提高了产品附加值。

（五）紧盯增收路径，拓宽产品销售渠道

以市场消费需求为导向，积极开展绿色有机蔬菜产地认证和产品认证，主打高原牌、绿色牌、有机牌，先后发布"黄河彩篮""河湟彩园"等蔬菜公用品牌，利用直播带货的形式，直观展示蔬菜品质和生长环境，吸引消费者购买，高原夏菜品牌知名度和市场美誉度不断提升。积极探索订单、配送、反季节等销售方式，投入衔接资金等补足产业链短板，建成蔬菜产地批发市场9处、冷藏保鲜库136座，保鲜库仓储能力达5.3万吨，培育17个冷凉蔬菜出口备案基地，菜薹、娃娃菜、长白葱、荷兰豆等绿色蔬菜销往我国粤港澳及东南亚、俄罗斯、美国等地。2024年，全市输出蔬菜15.4万吨，产值达7.39亿元；其中直供港澳3.85万吨，创收1.65亿元。

▲ 企业工人对蔬菜进行分拣包装

 **经验启示**

（一）产业振兴必须久久为功、一抓到底

乡村振兴是一项长期的历史性任务，培育乡村特色产业也是如此。党的十八大以来，海东市始终锚定发展高原冷凉蔬菜这个乡村产业振兴重点，坚持承前启后、久久为功，一张蓝图绘到底，一任接着一任干，不反复、不折腾，为产业发展做好谋划，为农民增收找准门路，推动乡村特色产业"活下来"、产品"走出去"、农民"富起来"。

（二）产业振兴必须找准定位、突出特色

海东市依托高原气候冷凉、日照充足、环境洁净等独特资源禀赋，通过种植高原冷凉蔬菜，化"劣势"为"优势"，在满足省内需求的基础上，推动实现"西菜东输"。针对消费者对食品的健康需求，同步打响"绿色牌""有机牌"，真正将气候资源、生态资源转化为发展资源、增收资源，实现了农业生产、生态保护、群众增收之间的互促共赢。

（三）产业振兴必须真抓实干、补齐短板

产业振兴是一项多维系统工程。海东市坚持规划引领，注重在补齐产业发展短板、搭建产业发展平台、培育产业经营主体、打造区域公共品牌等方面下功夫，同时在基础设施建设、资金投入、税收优惠等方面给予支持，积极开拓多元化市场渠道，为产业发展创造良好环境。

（四）产业振兴必须群众参与、形成合力

人民群众既是乡村振兴的参与者，也是乡村振兴的受益者。海东市在培育乡村产业过程中，紧紧抓住"菜篮子"这个民生所需，从人民群众日常生活所需出发，通过出台优惠政策，鼓励群众参与市场经营，既增加了群众收入，又激发了市场活力，形成政府、企业、群众共同参与、共同受益的良好局面，为乡村产业可持续发展提供源源不断的动力。

宁夏西吉县：

"四个一批"盘活资源要素推动乡村全面振兴

摘 要 巩固拓展脱贫攻坚成果，发展产业是重要基础。宁夏西吉县全面落实党中央、国务院关于推进帮扶产业发展"四个一批"要求，因地制宜提出"巩固、升级、盘活、调整"的推进路径和具体举措，帮扶产业取得了从弱到强、规模从小到大、链条从短到长的积极成效，产业发展基础更加稳固，产业布局更加优化，产业体系更加完善，产销衔接更加顺畅，农民增收渠道持续拓宽，农村发展活力持续增强。

一 案例背景

西吉县位于宁夏南部、六盘山西麓，全县总面积3 130平方公里，现辖4镇15乡295个行政村，全县总人口47.2万人，其中农业人口40.2万人，是革命老区、民族地区和国家乡村振兴重点帮扶县，也是中国"马铃薯之乡""西芹之乡"和首个"文学之乡"。经过多年发展，培育形成了肉牛、马铃薯、蔬菜、杂粮油料四大特色产业，但产业发展仍以原料生产、种养为主，许多农产品还停留在"粮去壳""菜去帮""牛变肉"的初级加工阶段，产业前端的育种、配种等技术优势不明显，产业后端的加工增值服务竞争力不强。2022年，全县农林牧渔总产值达到49.85亿元，一产增加值仅为22.98亿元，农业大而不强、优质不优价问题依然突出，好东西卖不上好价格，一定程度制约了群众稳定增收。为切实推动帮扶产业成为促进经济发展、群众增收的惠民产业，西吉县深入学习运用"千万工程"经验，严格落实"四个一批"要求，突出抓好特色产品、特色产业，做足做活"土特产"文章，积极培育和壮大县域特色产业，推动帮扶产业提档升级、提质增效，农民增收渠道持续拓宽，农村发展活力持续增强，乡村全面振兴再上新台阶。

做法成效

（一）坚持巩固一批，推动"主打型"帮扶产业"独木变森林"

对链条完备且生产经营正常的帮扶产业项目，持续巩固发展成果，推动加工物流、营销服务等主体加快向主导产业集中，引导资金、技术、人才等要素向主导产业集聚，补齐设施、科技、市场短板，延伸产业链、提升价值链，打造多元融合发展的特色产业。**一是做大马铃薯产业。**集中建设国家区域性马铃

▲ 西吉马铃薯喜获丰收

薯良种繁育基地，培育形成早熟菜用薯、加工商品薯、鲜薯外销商品薯、淀粉加工原料薯等四大马铃薯生产基地，种植面积达55万亩，马铃薯产业综合产值达到18亿元。在淀粉精深加工上精准发力，在食品生产、宠物饲料、薯渣饲料深加工等产业上加速技术渗透、产业联动、链条延伸，培育万吨以上淀粉加工厂6家，年加工马铃薯20万吨以上，生产淀粉近4万吨、粉条粉丝1.5万吨。

二是做强冷凉蔬菜产业。充分利用县内所有水库、塘坝和闲置水资源，通过建设蓄水池、泵站，铺设浇水管道实现"引水上山、低水高用"，打造"五优"高山冷凉蔬菜标准化种植基地38个，种植蔬菜15万亩，菜心、芹菜、彩椒等蔬菜畅销粤港澳大湾区、长三角等高端市场，冷凉蔬菜产业产值达11亿元。

三是做优杂粮产业。针对杂粮这一传统产业，以谷子、糜子、荞麦、莜麦、胡麻为重点，依托宁夏兴鲜杂粮种植加工基地有限公司等10个杂粮加工企业，构建和完善多元化、多层次杂粮生产社会化服务体系，支持生产基地（示范园）制定标准化技术规程，全面做好绿色、有机产品认证和地理标志产品认证，年加工杂粮2万吨以上，初步打响了"吉祥如意高山小杂粮"特色品牌。

（二）坚持升级一批，推动"成长型"帮扶产业"小树变大树"

对有一定发展基础但产业链条存在明显短板的产业，开展强链补链延链行动，不断提升产业发展质效，真正让"小树"变"大树"。**一是延伸肉牛产业链条。**立足六盘山肉牛养殖核心区和宁夏肉牛养殖第一大县优势，坚持"家家种草、户户养牛，自繁自育、适度规模"和标准化规模养殖并举的发展路子，鼓励四丰绿源等企业以强带弱发展养殖，建成"出户入园"肉牛养殖小区27个，打造肉牛养殖示范村193个、万头养殖示范乡镇13个，发展肉牛养殖户（场）4.5万户，全县肉牛饲养量达55万头，占全宁夏的四分之一。在统筹推进屠宰加工、精深加工协调发展上持续发力，支持本土肉牛加工企业做好肉牛精细化加工，有效带动屠宰散户出村入厂，逐步实现"以吨为单位"卖肉牛向"以克为单位"卖牛肉转变。加大涉农资金整合力度，对"见犊补母"、优质牧草种植、全株玉米青贮加工利用、"出户入园"肉牛养殖园区、规模养殖场及粪污资源化利用等进行全产业链扶持，近5年累计投入扶持资金12.1亿元以上、金融授信贷款48.7亿元以上、政策性保险3 600万元以上，全力推动肉牛产业高端化、绿色化、智能化、融合化全产业链发展。**二是壮大文旅产业发展。**不断推进红色游、乡村游、生态游、休闲游融合联动，打造了一批热门打卡点，新营乡甘井村聚焦"现代农业＋乡村旅游"，打造集"太空舱"民宿、农家乐采摘园、亲子体验园、房车营地等为一体的网红打卡点。吉强镇龙王坝村建设万亩龙马梯田蔬菜公园、窑洞宾馆、乡村科技馆等。将台堡镇立足自身优势，大力挖掘红色资源、讲述红色故事，毛家沟村"红军寨"吸引了一批年轻一代重走长征路、吃"红军饭"、住红色窑洞。同时开发"伴手礼""后备箱"等旅游产品30余种，满足游客农产品购买、休闲观光、农耕文化体验等需求。大力发展赛事经济，成功举办全国和美乡村篮球大赛（村BA）西北赛区大区赛等大型文旅活动，持续打响"西部福地·吉祥如意"文旅品牌，2024年前三季度接待游客407万人次，营业收入8 399万元。

▲ "青贮玉米"饲草种植夯实肉牛产业基础

（三）坚持盘活一批，推动"闲置型"帮扶产业"老树发新芽"

对低效、停产、半停产、闲置的产业帮扶项目，通过变更经营主体、调整用途等方式，采取灵活多样的经营模式，盘活闲置资产资源，提高使用效益。**一是盘活利用闲置资产**。实地摸排村集体经济资金和资产效益发挥不佳的46个村，引导45家新型经营主体，以租赁、股份合作等形式，参与村集体经济经营，追回逾期村集体经济资金792.97万元，盘活村集体资产114万元。改造升级、盘活利用农村闲置的校舍、帮扶车间。西吉县白崖乡积极改造闲置小学校舍，由村集体入股，联合梯田农牧公司建成集种植、加工、养殖、销售于一体的农产品生产基地。西吉县将台堡镇西坪村将村集体经营的闲置帮扶车间分包给企业，经营艾草系列产品，有效促进村级集体经济创收、企业盈利、群众致富，破解了农村资源浪费和利用效率不高的问题。**二是鼓励村集体带头发展**。支持村"两委"对闲置的资产进行改造升级、盘活利用，探索了兴隆川口、单南等"强村带弱村"抱团发展模式，硝河新庄、高原"自主经营"等模式，其中将台火集"联产单干"模式，通过分户种植、村集体统一提供技术指导和销售服务的管理方式，带动226户村民参与冷凉蔬菜种植2 900亩，实现蔬菜总产值2 184万元，户均收入9.7万元，拓展了农民参与产业发展的深度和广度，分享了产业增值收益。

▲ 农文旅融合发展最美乡村西吉龙王坝

（四）坚持调整一批，推动"调整型"帮扶产业"死树换新苗"

对建成时间跨度较长、到达报废处置年限或受自然灾害等不可抗力影响，无盘活价值、闲置低效、不宜继续发展的帮扶产业项目和经营性资产，及时谋划替代项目进行调整。**一是探索发展菌菇产业。**立足气候冷凉、高海拔、无污染的自然优势，结合食用菌不与人争粮、不与粮争地、不与地争肥的特点，引导群众改造旧牛棚、旧庭院和闲置日光温室、拱棚，发展菇棚和庭院种植，采取先种羊肚菌，后种榆黄菇、平菇等"菌菇轮作"方式，实现一年两种两收，与南方错峰出菇上市，有效填补了全国菌菇淡季市场，全县种植各类食用菌210亩，产量达3 000吨以上，产值达1 500万元以上。**二是引导发展"庭院经济"。**聚焦群众房前屋后、院外道旁空地空房，以特色种养、手工业、生产生活服务为重点，引导发展庭院经济，在政策引导、技术服务、消费帮扶等方面给予扶持，让"小庭院"变"增收田"，"方寸地"变"幸福地"。**三是调整清退帮扶项目。**在将台堡镇明台村改造"十二五"移民养殖圈舍，建成设施农业135座，发展设施农业和蔬菜种植，有效发挥产业效益。对运营状况不佳、没有带动效果和因不可抗力造成帮扶车间不能正常经营的天之涯服饰、咏辉电子科技等7家企业，依法依规关闭清退。

三 经验启示

（一）发展壮大产业，必须强化政策干预扶持

与第二、三产业相比，第一产业具有投资金额大、周期长、回报慢等特点，且受气候条件、自然灾害、市场波动等因素影响较大，必须加大政府对第一产业的干预扶持力度，通过补贴、贷款、保险和科技等方式，为农民提供资金、技术和风险保障方面的支持，在政策支撑、金融支持、科技提升等方面"打包制定"个性化政策，加快促进农业产业现代化发展。

（二）提高土地产出，必须大力发展设施农业

发展设施农业，能够有效提高土地产出率、资源利用率和劳动生产率。西

吉县积极发展日光温室蔬菜，相比露地种植平均亩收入可提高7 300多元，不仅克服传统农业受自然环境影响大的缺陷，使农作物生长在相对稳定的环境中，还可提升农产品稳产保供能力，满足群众对农产品的多样化需求，有助于更好地促进农民增收和农村经济发展。

（三）加快产业转型，必须促进一二三产融合发展

促进一二三产业互融互动，能够实现种养加、产供销、农工商、农科教一体化，将农业生产与农耕体验、休闲娱乐、养生度假、文化艺术等有机结合起来，使传统功能单一的农业成为现代生活方式的载体，充分发挥产业价值的乘数效应。

（四）促进农民增收，必须健全联农带农机制

农村产业发展的目的是要带动农民稳定增收，不能富了老板、穷了老乡。简单的土地流转实现了产业的规模化经营，但农民未分享到产业增值效益。将台堡镇火集村的"联产单干"，将"各干各"变成"一起干"，将"碎片地"变成"连片地"，将"自家卖"变成"搭伙卖"，有效提了农民收益。只有健全联农带农机制，使农民真正成为产业发展利益共同体的一员，才能切实提高农民的生产技能和经营能力，实现持续增收。

（五）提升产业影响力，必须打造区域特色品牌

西吉县不断提升特色农产品的品牌影响力，成功注册"西吉好东西"区域公用品牌商标，"西吉马铃薯""西吉芹菜""西吉牛肉"入选全国名特优新农产品名录，促进实现了提升农产品竞争力、提高产品附加值、带动产业发展、传承特色文化、创造就业机会、吸引外来投资和提升地方形象等多重价值，有力推动了"西吉好东西"出村进城、走出宁夏、销往全国。

第三篇
帮扶项目资产规范管理

　　帮扶项目资产是防止返贫致贫的重要依托，是群众增收致富的物质基础，是乡村全面振兴的重要本钱。习近平总书记指出，"脱贫攻坚形成了庞大的扶贫资产，对这些资产要摸清底数、加强监管，确保持续发挥作用"；党的二十届三中全会《决定》明确提出，"健全脱贫攻坚国家投入形成资产的长效管理机制"。这为我们指明了工作方向，提供了根本遵循，也提出了更高要求。

　　帮扶项目资产管理政治性、政策性、敏感性强，困难问题多，"管好用好"要重点做好以下工作：**一是健全运行管理机制。**按照"资金—项目—资产"的逻辑关系，打通相关业务链条，推动帮扶项目资产管理从事后向事前、事中延伸，探索建立从资产形成、确权移交、运营管护到资产处置的全生命周期管理机制。**二是创新运营管护模式。**灵活运用自营经营、委托经营、租赁经营、合资经营、混合经营等方式，积极引育国有平台、新型农业经营主体、返乡入乡人才等，探索创新经营模式，不断提升经营效益和专业化水平。对于公益性资产，要健全管护机制，压实管护责任，落实管护经费，确保资产有人管、有钱管、管得好、用得久，持续发挥作用。**三是加强动态监测管理。**实施分类分级管理，探索不同资产权属、资产功能、资产规模的不同管理方式。充分运用信息化手段，健全完善资产管理信息系统，实行动态监测预警。

内蒙古敖汉旗：

创新"大数据+"管理模式
实现帮扶项目资产"云上监管"

摘 要 帮扶项目资产是巩固拓展脱贫攻坚成果，促进乡村全面振兴的重要物质载体。内蒙古敖汉旗有帮扶资产29.66亿元，资产数额较大，管理任务艰巨。为了提高帮扶资产管理水平，发挥资产最大效益，2021年，敖汉旗强化大数据平台赋能，自主开发了"敖汉旗帮扶资产管理系统大数据平台"，通过帮扶项目资产的"云上监管"，解决了资产不明、资产闲置浪费、资产流失以及账、卡、物不符等问题，实现了帮扶项目资产底数清、权属明、收益准、分配公。

一 案例背景

敖汉旗是原国家扶贫开发工作重点县，"十三五"初期有贫困人口3.85万人，占全区贫困人口的五分之一，是内蒙古自治区贫困人口最多的旗县。自2012年以来，党中央、自治区党委、赤峰市委、敖汉旗委持续加大扶贫资金投入力度，截止到2020年底，累计形成帮扶项目资产29.66亿元。为了管好用好帮扶资产，确保帮扶资产在巩固拓展脱贫攻坚成果同乡村振兴有效衔接中持续发挥效益，2021年，旗委、旗政府在多次调研、探索、总结、论证的基础上，投入资金18万元，委托内蒙古清韵科技有限公司开发建设敖汉旗帮扶资产管理系统大数据平台。该平台已于2022年3月底开发完成并投入使用，通过线上对全旗帮扶资产的全程跟踪和管理，实现帮扶资产管理的信息化、规范化与标准化，提升了资产管理的工作效率与管理水平。

二 做法成效

（一）建立管理机制，系统化摸清平台管理底数

敖汉旗建立健全资产管理机制，对帮扶资产进行全面排查，实现帮扶资产年度底数清、权益权属清、管理责任清，为数据化平台管理提供详实底数。**一是强化人力支撑，充实管理力量。**成立了旗帮扶资产管理中心，组建了乡村帮扶资产管理专班，整合财政、农牧部门监管与技术指导力量，组织2 728名旗乡村干部进行摸排，494人直接参与管理，构建了实体化运营、产业化经营、统一化监管的工作格局。**二是强化建章立制，规范管理方式。**制定完善了帮扶项目资产工作方案、管理办法和工作细则，确保管理工作有章可循。同时，坚持"谁所有、谁管护"的原则，经过多轮梳理、摸排，将帮扶项目资产的所有权、经营权、收益权"三权"确权到位。**三是强化组织领导，构建立体网络。**通过帮扶资产管理中心，打通24个部门、18个乡镇苏木街道、232个嘎查村的连接线，形成部门协同、上下联动的工作格局，已建设完成旗乡村"三本账"，登记公益性资产9.07亿元、到户类资产5.03亿元、经营性资产15.12亿元。

（二）强化数据赋能，多样化创设平台管理功能

敖汉旗自主开发帮扶项目资产管理系统大数据平台，探索"46321"管理模式，实现帮扶项目资产数字化、动态化管理。**一是"四统"功能，实现分类统计。**系统依据2012年以来的1 219项指标文件，在与全国防止返贫监测资产模块、自治区大数据平台同步共享、实现一对一关联资产项目的基础上，将旗、乡、村、户四级资产数据，按照公益性、经营性、到户类、未形成资产4个类型自动生成分类，实现数据精准化，累计生成数据323.19万条。

二是"六分"功能，实现精准查询。系统对汇总数据按照区域、年度、类别、状态、资金、项目6项指标进行分类，形成图表清单，直观准确地反映项目资产的数据信息。按照管理权限与需求，270个管护责任单位、810名管护人可随时分类调取数据，实现了1.8万户脱贫户、边缘户到户资产保有情况的可视化。

三是"三预警"功能，实现前置预警。系统依据经营性项目的合作年限、起止时限、收益率等相关数据，在结算收益金日前1个月、3天自动生成《收益金缴纳》蓝黄两条预警信息，在结算收益金当日零时，自动生成《收益金逾期》红色预警信息与催缴通知书，并自动编辑提醒信息，通过手机短信、App同步向项目主体、监管单位、责任单位发布蓝黄红色预警提醒信息。2024年，通过系统预警已回收经营性收入3.94亿元，做到了资产收益动态化、安全化管理。

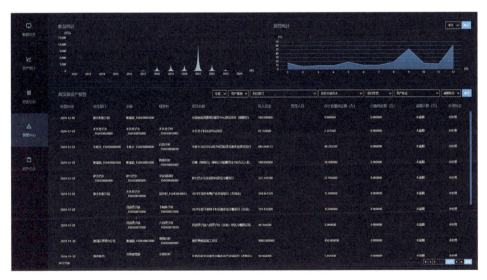

▲ 资产预警大数据管理系统

四是"两落实"功能，明确管护责任。系统按照"谁主管、谁负责"的原则，明确项目落实责任人、管护人的管理与监管责任，按照主管、监管明确责任分类，锁定具体负责人，形成具体责任清单。目前已明确了3.2万个项目责任人，做到了网格化管理。

五是"一确权"功能，明确资产权属。 严格按照资产管理办法落实产权归属，完成各类资产确权登记，并由系统自动分类整理资产指引人、联系方式、现场图片、具体位置、资产确权移交书等相关信息，确保帮扶项目资产权责明晰、公开透明。目前，已完成项目的全部确权工作，其中公益性涉及人居环境、村组道路等基础设施项目2 129个，到户类涉及住房、棚圈等固定性资产及到户牛羊等生物性资产项目3.07万个、经营性资产项目329个，有效确权照片3.2万余张。

▲ 资产确权"一张表"

（三）强化责任链条，具体化压实平台管理责任

敖汉旗坚持责任上全链条，通过压实"三个责任"，实现帮扶项目资产大数据管理平台效能最大化。**一是资产数据分级管理，压实核实责任。** 坚持"谁排查、谁负责，谁管护、谁核查"的要求，旗、乡、村各设置一个管理账号，实施三级分级管理，按照旗级相关部门审批、乡镇部门维护录入、嘎查村现场核实的分级管理工作程序，将摸底调查形成的帮扶项目资产数据录入系统，数据录入后进行集中校验，并关闭修改功能，确保资产保有情况真实。**二是线下**

线上同步发力，压实管护责任。在线下，对系统内资产进行变更或报废时，由嘎查村召开会议研究，并上报乡镇党委政府，乡镇党委政府以正式文件上报管理部门，经审批后才可进行资产变更或报废。在线上，对系统内资产数据进行修改时，由乡镇、部门以正式文件形式上报管理部门审批，经批复后给予权限方可修改，实现资产变更、处置线上有调整、线下有档案。**三是资产收益动态跟踪，压实分配责任**。制定收益金分配方案，按照国有资产、集体资产两大类对收益金进行分配，并将分配结果导入系统，实现对脱贫群众增收受益情况的实时监测。2024年，累计发放收益金1 506.51万元，惠及群众10 388户17 813人；开发公益岗位3 681个，发放资金2 650.32万元；利用光伏帮扶电站收益金发放困难补助资金587.5万元，惠及群众3 652户。

 ## 三　经验启示

（一）强化组织领导是帮扶资产管理的重要保障

实践证明，组织强则事业兴，只有各地区、各部门团结一致、共同发力，才能激发干事创业的活力，推动帮扶资产管理工作朝着正确的方向平稳前进。敖汉旗高度重视帮扶项目资产后续管理工作，成立了旗级帮扶资产管理中心，组建了乡村帮扶资产管理专班，统筹财政、农牧、住建、水利等行业部门、乡镇业务部门和村"两委"等人员力量，构建了覆盖旗乡村三级的项目资产管理机制，形成了多部门统筹协作的工作格局。

（二）创新平台载体是资产管理的重要抓手

实践证明，因地制宜，创新数据平台载体在帮扶资产管理中发挥重要作用，是提升管理效率、强化监督与透明度、促进产业升级与可持续发展的有效手段。敖汉旗通过引入先进的信息技术和数字化平台，提供更加透明的管理机制，使得帮扶项目资产的流向、使用情况和收益分配等都能得到及时、准确的监督和反馈，实现了帮扶项目资产规范化、高效化、准确化管理。

（三）完善管理制度是帮扶资产管理的关键环节

实践证明，只有健全科学完备、有效管用的制度体系，才能更好地规范工作流程，实现各项工作的规范化发展。敖汉旗坚持"管好用好长受益、保值增值不流失"的原则，制定了《敖汉旗扶贫项目资产后续管理细则（试行）》《敖汉旗巩固拓展脱贫攻坚成果同乡村振兴有效衔接帮扶项目资产后续管理办法（试行）》《敖汉旗扶贫（帮扶）项目资产管理整改提升盘活处置专项行动方案》等文件，明确了帮扶项目资产的权属、管护、收益、分配等相关内容，为帮扶项目资产管理工作提供了制度保障。

（四）加强监督管理是帮扶资产管理的有力支撑

实践证明，监督是推动工作落实的有效途径，只有充分发挥监督的作用，才能确保政策执行到位，推动责任有效落实。敖汉旗帮扶项目资产管理中心定期组织工作人员对前一年纳入系统的资产进行抽查监督，并按季度对新纳入系统的项目资产进行项目核验。同时，充分发挥村务监督委员会、村集体经济组织监事会和旗级农村"三资"管理部门的日常监督作用，加强项目资产管理的社会监督、审计监督、纪律监督，推动帮扶项目资产长期稳定发挥效益。

辽宁岫岩县：

"六严六清" 推进帮扶项目资产高效管理

摘 要 帮扶项目资产的有效管理对于巩固拓展脱贫攻坚成果同乡村振兴有效衔接至关重要。辽宁岫岩满族自治县以帮助脱贫户、监测户增收为目标，围绕帮扶项目资产"保值、增值、增效"，结合实际，先行先试，探索了制度严，政策清；底数严，家底清；权责严，责任清；机制严，管控清；收益严，分配清；考核严，奖惩清等"六严六清"的资产管理工作法，有效提升资产管理效能，为乡村振兴战略下资产持续发挥效益奠定坚实基础。

 案例背景

在巩固拓展脱贫攻坚成果和推进乡村全面振兴的进程中，大量帮扶资产不断积累，涵盖了基础设施建设、产业发展项目等多个领域。然而，在管理过程中也面临着诸多挑战。一方面，制度不够完善，导致资产的使用、维护缺乏明确规范；底数不够清晰，难以准确掌握资产的规模和状况。另一方面，责任不够明确，出现问题时相互推诿；机制不够健全，无法实现资产的有效监管和合理调配。同时，收益分配不够合理、考核不够严格等问题也影响着帮扶资产的可持续发展。在此背景下，为确保帮扶资产能够发挥最大效益，牢牢守住不发生规模性返贫底线，激发脱贫地区和脱贫群众内生发展动力，岫岩县按照全周期全环节管理的工作思路，通过"六严"构建帮扶项目资产管理长效机制，做到"六清"促进帮扶项目资产稳定高效运行。

 **做法成效**

（一）"制度严，政策清"，健全资产管理制度体系，做到规范管理有理有据

一是强化资产收益扶贫政策支撑。岫岩县2018年出台了《岫岩县资产收益扶贫工作实施办法》，整合各级财政专项扶贫资金和其他涉农资金，投入设施农业、养殖、光伏等项目形成资产，有效激活了农村各类资源要素潜能，为岫岩县产业扶贫健康有序发展奠定了制度基础。2019年、2020年分别出台了《岫岩县资产收益扶贫项目管理办法》《岫岩县加强扶贫资金风险防控和帮扶项目资产管理的实施方案》，健全了资金使用监管机制，压实了风险防控责任，为帮扶项目资产顺利运营奠定了制度基础。**二是强化资产管理政策支撑。**岫岩县于2019年出台了《岫岩县扶贫产业资产及资产收益管理实施细则》，下发了《关于做好扶贫资金风险防控和帮扶项目资产确权登记工作的通知》，为岫岩县帮扶项目资

▲ 岫岩县帮扶项目资产管理模式示意图

产规范管理提供了操作指南。随后，2021年印发了《岫岩满族自治县帮扶项目资产后续管理办法（暂行）》，2023年印发了《扶贫项目资产四级分类管理办法（施行）的通知》，进一步明确了五年过渡期内帮扶项目资产后续管理的职责和任务，为巩固脱贫攻坚成果同乡村振兴有效衔接奠定坚实的基础。

（二）"底数严，家底清"，清查资产底数"上户口"，做到资产状况一目了然

一是开展清查核资。按照国家以及省市各级对帮扶项目资产管理工作的总体要求，委托第三方专业机构，对党的十八大以来专项扶贫资金及过渡期衔接推进乡村振兴补助资金形成的扶贫（帮扶）项目资产，进行全面清查核资工作，每年对数据进行信息更新。由帮扶项目资产所有者及时办理资产登记，建立帮扶项目资产管理台账，运用大数据手段加强帮扶项目资产台账管理，确保帮扶项目资产应纳尽纳、信息完整。**二是明晰产权归属**。在资产清查的基础上，将帮扶项目资产按性质划分为公益性项目资产、经营性项目资产两种类型，并明确不同帮扶项目资产产权归属，厘清相关经济主体之间的利益关系，对公益性项目资产确权，通过政府红头文件方式明确权属关系；对经营性项目

▲ 帮扶资产产权认证证书，给帮扶资产"上户口"

资产确权，通过农村综合产权交易中心进行确权、登记，颁发农业设施所有权证书，明确标注帮扶项目资产的用地面积、四至、资产权属、建设规模和地理空间等"户口信息"，保障帮扶项目资产的用益物权和防止资产流失。

（三）"权责严，责任清"，明确各级部门管护监督责任，做到权责划分清晰明确

一是县级层面定责。帮扶项目资产管理工作由县政府统一领导，制定相关部门、乡镇政府资产管理责任清单。如农业农村部门统筹协调指导帮扶项目资产管理及农村"三资"管理方面的指导工作；财政部门负责监督指导帮扶项目资产和农村集体经济收入登记入账工作，开展帮扶项目资产绩效评价工作；审计部门负责帮扶项目资产审计监督工作。**二是乡镇（街道）层面定责。**各乡镇人民政府是其区域内帮扶资金投入形成资产管理的责任主体，具体负责对本辖区帮扶项目资产后续管护运营日常监管责任，负责帮扶项目资产后续管理、效益发挥、收益分配、登记入账、防止资产流失等方面的管理工作。同时，按照《实施细则》常态化组织开展帮扶项目资产运营管护和监督检查等工作。**三是村级层面定责。**村级组织对确权到村集体的帮扶项目资产负具体监管责任，纳入农村集体资产管理清单，并指定专人管理，逐一登记造册入账。通过"三级定责"紧抓资产后续管理工作，坚持权责一致，建立"县农业农村部门和其他行业部门、镇政府、村级组织"三位一体的帮扶项目资产管理责任体系，层层压实责任，不断提高帮扶项目资产监管水平，持续巩固脱贫成果。

（四）"机制严，管控清"，构建科学合理的预警机制，做到动态预警提质增效

结合实际，对经营性项目资产实行"四级分类"动态预警管理机制。**一是"正常"级管理。**对于经营运转收益率达8%及以上，持续稳定发挥效益的资产，纳入正常预警范畴，督促指导继续发挥带贫益贫效应。**二是"关注"级管理。**对于经营运转收益率在5%～8%（含5%）之间的资产，虽正常发挥效益，但收益率存在下降趋势，纳入关注预警范畴，由相关行业部门发出提醒函，提

示进行关注并做好相关预案。**三是"次级"级管理**。对于经营运转收益率低于5%的资产，绩效目标和效益虽正常发挥，但已达到收益较低，纳入次级预警范畴，同步向相关单位发放提醒函，督促并指导认真分析运营过程中存在的问题，积极寻找破解瓶颈的方法，待达到稳定发挥效益后纳入关注预警监测。**四是"损失"级管理**。对于经营运转收益率为零时，不能持续稳定发挥效益的资产，纳入损失预警范畴，研判分析存在的问题，努力增强市场竞争力，补齐短板，努力将资产收益变为正。

（五）"收益严，分配清"，优化资产收益分配使用模式，做到收益分配科学合理

一是坚持依法依规分配。在收益分配标准上，坚持按照现行脱贫标准，收益分配上留有余地，不"分光分净"、不"吊高胃口"。积累的未分配收益资金，整合后用于防止返贫动态监测和帮扶的动态响应机制，即对脱贫不稳定户、边缘易致贫户，以及因病因灾因意外事故等刚性支出较大或收入大幅缩减，导致基本生活出现严重困难户进行重点帮扶。**二是坚持精准扶持分配**。按照有利于巩固脱贫成果的原则，重点围绕经营类帮扶项目资产产生的收益进行合理分配。

▲ 农民在帮扶资产基地务工分拣香菇、平菇

将此类收益落实到相应产权人，并主要用于贫困户农村保洁、治安、护林等公益岗工资。同时，针对因病、因灾、因学、因意外事故等导致家庭生活困难的群众适当进行帮扶，剩余收益用于发展村级公益事业和扩大再生产。**三是探索差异化分配。**坚持按劳分配为主，鼓励劳动致富，注重激发群众内生动力；同时兼顾公平，对完全没有劳动力或丧失劳动力的，结合实际探索有条件支付的方式，维护弱势群体合法利益。在推进过程中，及时对已经实施的资产收益扶贫项目进行完善和调整，坚决杜绝"一分了之、一股了之"的做法。

（六）"考核严，奖惩清"，加强资产管理监督评价，做到从严考核鼓励创新

　　一是纳入绩效考核。积极践行"花钱必问效，无效必问责"的衔接资金绩效管理理念，将帮扶项目资产管理工作纳入年度脱贫攻坚考核，对于项目资产管理好，收益分配使用好，扶贫效益发挥好的部门，在年终考核中给予表彰和加分。**二是实行责任追究。**健全"事前有目标、事中有监督、事后有评价"的绩效评价体系，对帮扶项目资产管理中发现侵占挪用、截留私分、非法占有、冒领套取、挥霍浪费、违规处分等各类行为，造成帮扶项目资产流失损失的，严肃追究相关责任人责任，造成损失的责令赔偿，构成犯罪的，依法追究刑事责任。**三是鼓励开拓创新。**岫岩县委对基层干部实施容错纠错机制，树立鲜明的干事导向，注重"三个区分开来"，即"把干部在推进改革中因缺乏经验、先行先试出现的失误和错误，同明知故犯的违纪违法行为区分开来；把上级尚无明确限制的探索性试验中的失误和错误，同上级明令禁止后依然我行我素的违纪违法行为区分开来；把为推动发展的无意过失，同为谋取私利的违纪违法行为区分开来"，为探索者壮胆，为创新者鼓劲，激励干部担当作为，督促干部履职尽责、争先创优。

 经验启示

（一）制度先行才能做到筑牢资产管理根基

　　科学完善的制度是核心要素，通过制度的刚性约束与柔性引导，不仅能够

促进资产管理水平的整体跃升，还能够激发资产潜能，将制度优势转化为资产管理的实际效能，为资产的长期保值增值与可持续发展奠定坚实的制度基础。岫岩县在资产管理的实践中，始终将制度的建设放于首位，紧紧围绕"怎样管好用好、怎样提质增效"的核心议题，着重强调了制度的衔接性和长效性，并出台一系列资产管理的制度文件，督促各级各部门压实责任、强化举措、完善制度、严明纪律，确保帮扶项目资产持续发挥效益。实践证明，只有建立健全并不断优化资产管理制度体系，才能有效推动各级管理人员与责任部门落实责任、积极作为，确保资产管理活动有章可循、有据可依。

（二）摸清底数才能做到资产管理心中有数

只有全面、准确地掌握资产状况，管理者才能做出科学合理的决策，确保资产的安全和完整，推动资产管理工作的顺利开展。岫岩县连续五年开展资产自查清查工作，做到"账账相符，账实相符"，确保资产不流失、权益不悬空、监管不断线，为构建长效稳定的带贫减贫机制提供物质基础，为巩固脱贫成果提供有力支撑。实践证明，只有真正做到资产管理的"心知肚明"，才能更加科学、高效地调配资源，将资产管理的优势转化为资产提质增效的动力。

（三）注重收益才能实现资产管理持续有效

只有高度重视并科学规划资产管理中的收益环节，才能确保资产管理的持续性与有效性，真正将资产管理的红利惠及广大民众。岫岩县研究制定了收益分配方案，建立帮扶项目资产收益清算台账，并按照项目实施年度对各项资产分年度的收益和分配情况进行统计造册，确保数据的准确性和完整性。同时，坚持以按劳分配为主体，探索差异化分配方案，鼓励劳动致富，对完全没有劳动力或丧失劳动力的，结合实际探索支付方式，注重激发群众内生动力，做到了资产收益科学合理分配。

江苏睢宁县：

打好保值增值"组合拳"
释放帮扶项目资产"滚雪球"效应

摘 要 为确保帮扶项目在巩固拓展脱贫攻坚成果、推进乡村全面振兴中持续发挥效益，江苏睢宁县以资产清查和确权登记为基础，以红利再投资为导向，以市场化、产业化运营为核心，以保险管理为依托，创新构建"市场运营+产业发展+常态评估+动态调整"的帮扶项目资产管理模式，不仅实现了资产保值与增值，还促进了产业发展、村集体经济壮大和群众就业，为同类地区提供了有益借鉴。

 案例背景

党的十八届五中全会提出，"探索对贫困人口实行资产收益扶贫制度"。但如何在不改变扶贫资金用途的情况下，实现扶贫资产的保值与增值，成为现实难题。近年来，面对帮扶项目资产管理的新变化、新挑战，睢宁县聚焦农业强县建设，以规范运营为手段、以保值增值为核心、以巩固脱贫成果为目的，创新性构建了"市场运营+产业发展+常态评估+动态调整"的长效化运营管理模式，发挥资产"滚雪球"式增长效应，不仅实现了资产收益分配到村到户，还实现了资金在保值的基础上的增值。党的十八大以来，全县已整合各类帮扶资金，形成了包括门面房、标准厂房、光伏、温室大棚、生态养殖基地等在内的225个经营性资产，目前，总资产估值达到7.42亿元，年收益率约6%。

 **做法成效**

（一）"合作找市场"，"政府引导"搭配"国企主导"稳增值

睢宁县充分发挥市场在资源配置中的决定性作用，将全县经营性资产托管给县镇两级国有企业管理，严格考评和监督，确保资产有效运营。一方面，针对资产特征，分类施策，对产业类资产，依托睢宁县"11841"新型农业生产经营体系，委托县、镇农业公司开展经营管护；对物业类资产，严格按照县级行政事业单位房产出租管理规定，通过"阿里拍卖"等平台进行公开招租，避免人情出租。另一方面，坚持严考严评，将帮扶项目资产运营管理情况纳入县对镇高质量发展考核，对损坏或违反规定处置资产的依法依规予以严肃处理，倒逼各责任主体依规有效管护运营帮扶项目资产。同时，按照"谁主管、谁公开"原则，建立完善资产公告公示制度，对资产状态、收益分配、重大事项变更等相关情况在镇、村公示栏进行公开公示，自觉接受群众监督，切实保障受益群体的知情权、参与权和监督权。2021年全县经营性帮扶项目资产收益达到3 325万元，收益率达6.81%。其中，由县属国有企业管理的16个资产收益达到2 139万元，收益率高达9.77%。

（二）"资产化效益"，"产业发展"联合"带动就业"助增值

睢宁县坚持将帮扶资金精准投向高标准厂房、果蔬温室大棚、生态养殖基地等优质资产项目，并优先支持县镇招商引资企业，在吸纳带动周边农户就业的同时，推动资产保值增值和长期发挥帮促效益，实现了帮促效益、产业发展、村集体经济和群众就业的多方面提升。以李集镇饰品电商产业园为例，该产业园由帮促资金完成建设，目前园内已聚集13家企业，年租赁收益达到440万元，提供就业岗位1 000个，吸纳带动了83个低收入人口进园务工增收，人均年增收3万余元，培育"李集小饰品"产业年产值达到60亿元。

▲ 李集镇饰品电商扶贫产业园

（三）"红利再投资"，"存量收益"转化"增量资产"固增值

睢宁县综合考虑产业类型、行业特点及市场平均回报率等因素，先后出台《关于建立扶贫资产及收益长效管理机制的实施办法》《睢宁县县级扶贫资产管护管理办法》等制度文件，建立资产经营收益分配机制，在每年将规定资产收益分配到村到户的基础上，统筹剩余资产收益发展新的优质产业项目，进行扩大再生产。这一做法将"存量收益"有效转化为"增量资产"，实现了资产的长期可持续增值。自2021年以来，全县已统筹资产收益2 520万元，建设了畜禽养殖基地、农产品仓储等7个项目，年收益超过200万元，带动就业900余人。

（四）"评估调大盘"，"跟进优质"结合"清除无效"保增值

睢宁县坚持对帮扶项目资产进行常态化的评估和清查工作，采取"属地镇自查+县级核查"方式，全面梳理各级财政专项扶贫资金、后方单位帮扶资金、社会捐赠资金等投入形成的帮扶项目资产，县农业农村局（乡村振兴局）、财政局结合历年扶贫资金支出台账，对项目资产进行核查比对，累计确认帮扶项目资产424个，并逐一颁发《睢宁县扶贫资产产权登记证书》，确保资产底数清、账目清、主体清、责任清。同时，委托第三方机构采取市场法、收益法和

成本法等方式，围绕资产属性、资产价值、资产状态等方面，对当年"资产存量"和"收益增量"进行评估和清查。通过这一方式，及时掌握了资产的运营状况，形成了高效、低效、无效"三张清单"。睢宁县累计对超期使用、无运营价值的17个资产进行了残值评估，盘活资金150余万元；同时，对于工业标准厂房、生态养殖基地等优质产业项目，继续加大资金投入4 200万元，确保帮扶资金的高效利用和产出价值。

（五）"创新管理模式"，"保险机制"引入"财产保障"降风险

睢宁县成立由农业农村（乡村振兴）、纪检、财政、审计等部门组成的帮扶项目资产监督管理小组，对照行业领域资产管理制度规定，常态化开展资产运营管护监督管理。同时，为防范和化解帮扶项目资产运行风险，全面提升风险管理意识和风险管理控制能力，睢宁县从县级帮扶项目资产收益中提取89万元对县级2.5亿帮扶项目资产构建保险机制，实现了对帮扶项目资产动态风险的全面保障和托底。如2023年睢宁县魏集猪舍项目出现部分舍体顶棚、外墙壁等设施损毁和场内杂物清理等问题，人保公司理赔25万元修缮，为帮扶项目资产管护提供了资金支持。

▲ 魏集猪舍项目管护后现场情况

三 经验启示

（一）实行市场运作是做好帮扶项目资产管理的核心

睢宁县将帮扶资金精准投向市场前景好的优质产业项目，委托县镇农业公司市场化运营管理，不仅助力帮扶项目资产实现稳定增值，同时促进了就业及产业升级，形成了产业发展与就业带动的良性循环。

（二）坚持动态调整是做好帮扶项目资产管理的基础

动态管理，摸清帮扶项目资产"家底"，是做好帮扶项目资产管理的前提。睢宁县推行"属地镇（街道）自查+县农业农村局（乡村振兴局）核查"方式，组织各镇（街道）全面梳理帮扶项目资产，同时委托第三方评估公司对帮扶项目资产进行常态化的评估和清查工作，及时调整和优化资产配置，确保了帮扶资金的高效利用和长期增值。

（三）坚持规范管理是做好帮扶项目资产管理的保障

帮扶项目资产后续管理是一个复杂而系统的过程，部分地区的帮扶项目资产管理存在管理意识薄弱、登记系统虚设、内控制度缺失等问题，导致固定资产入账不及时、盘点不到位等问题。睢宁县始终坚持规范管理，通过建章立制、分类施策、强化监督管理和公开公示等措施，明确产权主体管护责任，确保了帮扶项目资产的安全和有效运营。同时，创新引入"保险机制"，进一步强化了后续管护，落实了管护资金来源。

安徽谯城区：

创新盘活"老三资"
精准赋能"新三样"

摘 要 安徽谯城区深入学习贯彻习近平总书记考察安徽时强调的"壮大新型农村集体经济"重要讲话精神，把强化集体所有制根基、保障和实现农民集体成员权利同激活资源要素统一起来，充分利用农村集体自身资源条件、经营能力，因地制宜盘活闲置资金、资产、资源"老三资"，发展壮大振兴工厂、振兴农场、振兴能源"新三样"，推动新型农村集体经济高质量发展，实现集体资源资产保值增值和农民群众增收获益，为巩固拓展脱贫攻坚成果、衔接推进乡村振兴注入源源不断的新动能。

 案例背景

习近平总书记在中央农村工作会议上指出，"脱贫攻坚形成了庞大的扶贫资产，对这些资产要摸清底数、加强监管，确保持续发挥作用。"党的二十届三中全会指出，"发展新型农村集体经济，构建产权明晰、分配合理的运行机制，赋予农民更加充分的财产权益。"谯城区深入学习贯彻习近平总书记重要讲话指示精神，认真贯彻落实党的二十届三中全会精神，按照《中共中央 国务院关于学习运用"千村示范、万村整治"工程经验有力有效推进乡村全面振兴的意见》中关于帮扶产业发展"巩固一批、升级一批、盘活一批、调整一批"的部署要求,在全区范围内集中开展农村集体"三资"大摸底、大整治、大提升、大规范,全面摸清脱贫攻坚期间"三资"投入底数(共投入各类扶贫资金34.08亿元;实施资产收益扶贫项目603个,资产原值8.3亿元,其中光伏电站524个、资产原值7.64亿元;其他资产收益扶贫项目79个、资产原值0.66亿元),大力整治侵占村集体"三资"行为,充分激发闲置资金、资产、资源潜力,以党的建设为引领,以市场化运营机制为依托,以发展乡村特色产业为支撑,切实推动资源资产流动起来、特色产业兴旺起来、农民的"钱袋子"鼓起来、村集体经济壮大起来,真正实现"产业增效、集体增收、农民致富"。

 二 做法成效

(一)摸清村集体"老三资"家底

发展村集体经济,摸清家底是基础更是关键。谯城区全面清查农村集体资金、资产、资源状况,做到产权清、收益明、监管严。**一是推动"三资"清单化**。对村集体账户资金、投资资金等各类资金,闲置房屋、设备、厂房等各类资产,土地、林地、坑塘等各类资源,进行全面核查,摸清开发利用、合同签订和收益分配等情况,全部录入区农村集体"三资"数字一张图监管平台,实行动态管理,实现集体"三资"底数清、情况明。目前,全区共核查村集体资金310笔,1.07亿元,较清理前增加了166笔;核查村集体资源865处,1 173.19万平方米,较清理前增加了556处;核查村资产1 405处,373.23万平方米,较清理前增加了268处。**二是推动"三资"规范化**。全面整治村集体"三资"运营中存在的闲置、低效、租金拖欠等问题,依法依规整治不规范合同,从严查处侵占"三资"问题。目前,共整治历史遗留问题141件,审核规范集体经济合同623份,收回被侵占资源57处、资产43处。**三是推动"三资"权证化**。对土地、房屋等资源资产进行产权界定,办理集体建设用地权证或"房地一体"权证,做到"可量化、可评估、可入市",为村集体经营性资产对接市场夯实基础。目前,共办理集体建设用地权证或"房地一体"权证

122件，通过市公共资源交易中心发布农村集体资产项目69个，成交49处，成交额371.2万元。

▲ 谯城区五马镇杨楼村振兴工厂

（二）创新"新三样"发展模式

谯城区坚持因地制宜、顺应市场原则，指导镇村立足资源禀赋和产业基础，发展振兴工厂、振兴农场、振兴能源"新三样"，打造村集体经济发展"新引擎"。**一是加强村企合作，建设"振兴工厂"**。结合乡村产业发展需要，推动村集体经济组织和区农投、区能源集团等合作，盘活闲置资源资产，建设厂房、仓储烘干房、冷库等，助推中医药、朝天椒、花茶健康等特色产业发展，增加村集体收入。2024年共推进振兴工厂项目43个（各类厂房30个、仓储烘干房8个、冷库5个），带动43个村集体增收约400万元，带动周边群众就业500余人。如五马镇芍花村通过与亳州市蒙飞中药材种植专业合作社、贾鹏中药材加工设备厂、区农投公司等合作，盘活原朱庄中学多年闲置校舍，用于中药材初加工、中药材加工设备生产和标准化钢构厂房建设，每年为村集体增加收益18.5万元。**二是适度规模经营，建设"振兴农场"**。采取"连片+分散"模式布局,通过"规范流转+土地入股""村企联办经营"模式管理,建设规模适度的村"集体农场"(面积300亩左右),大力发展"麦套朝天椒"、香菇、桑蚕等特色种养植产业,由农场统一购买保险,规避经营风险,提高农业综合效益。截至目前,全区振兴农场面积达6.82万亩,面积300亩以上的村192个,带动村集体增收3000余万元。如,沿河镇李小庙村振兴农场,利用村集体闲置土地和流转土地,种植小麦350余亩,发展"蚕桑套种朝天椒"32亩,建设香菇大棚12座,养蚕大棚2个,每年可为村集体增收80万元、吸纳120余名村民就近就业。**三是整合闲置资源,建设"振兴能源"。**村集体经济组织采用资源参股方式与区能源集团合作,联合开发闲置坑塘、群众屋顶等空间资源,发展坑塘光伏和屋顶光伏。每亩坑塘光伏每年可带动村集体增收5600元左右;每平方米屋顶光伏可带动村集体增收2.88万元。目前,已建设坑塘光伏1687亩,预计每年增加村集体经济收入940万元;建设户用屋顶光伏3513户、145兆瓦,预计带动村集体增收5700万元。在发展光伏电站的基础上,谯城区还积极探索村集体参与农村充电桩管护、风力发电等新模式,发展壮大集体经济。

▲ 谯城区十八里镇孙口村利用废旧坑塘建设坑塘光伏

（三）构建"多元化"运营体系

农村集体经济组织的健康发展，需要完善与基层党组织、村民自治组织以及其他经济社会组织之间的联结模式和利益关系。谯城区充分发挥经营性资产作用，探索多元主体运营模式，有效激发主体活力。**一是探索"能人领办"模式**。探索村级党组织领导下的"能人领办"运行模式，解决经营能力不足、方式不灵活、成效不明显等问题。如华佗镇小奈村，让有耕作经验同志负责集体农场工作，同时让退休干部、老党员积极参与监督管理，发展壮大村集体经济。目前，小奈村集体农场流转土地405亩，增加村集体收入38万元，带动周边群众数十户家庭就业。**二是探索"村企合作"模式**。采取"党建引领村集体经济组织＋农业企业或合作社＋农户"模式，调动农村集体经济组织及其成员的主动性、创造性，实现市场化、专业化运营。如古井镇杨楼村采取村集体与村民联营方式，筹资375万元成立杨楼村振兴包装材料科技有限公司，建设1.2万平方米的包装材料加工厂。目前，公司产值达600万元，实现纳税78万元、净利润90万元，解决周边群众就业50余人，其中脱贫人口和监测对象7人，人均月增收3 600元以上。**三是探索"物业出租"模式**。发挥村集体特色产业优

▲ 谯城区华佗镇小奈村集体农场朝天椒田间管理

势、人力资源优势等，为市场主体量身定制标准化厂房、仓储、冷库，吸引企业进驻，为村集体带来稳定的租金收入。如立德镇利用原申楼村修竹元小学西侧校区建成3 000平方米标准化厂房，与安徽亳州安踏喜宝鞋服有限公司签订租赁协议，投产2条生产线，年生产鞋面105万双，带动当地群众就近就业200人左右，带动村集体年增收28.8万元。

（四）健全"联农带农"工作机制

坚持把增加农民收入作为"三农"工作的中心任务，完善村集体经济组织联农带农机制，既做大村集体经济"蛋糕"，又带动广大农民增收致富。**一是提高农民工资性收入。**依托联滔电子、喜宝鞋服、华扬服饰等大型劳动密集型企业，盘活村集体闲置资产，开设"家门口"工厂8家，带动农民就地就近就业4 000余人，人均月增收3 500～6 000元。居家务工"穿鞋带"的老年群体，每人每月也能收入1 000～1 500元。**二是提高农民财产性收入。**"户用光伏"项目不仅能带动村集体增收，还能为每户群众带来每年1 400元左右的租金收入，目前已带动农民增收500余万元，真正实现了"屋顶生金"。**三是提高农民转移性收入。**为更好增强发展村集体经济信心，谯城区出台了《关于进一步明确村集体经济收益分配的指导意见》，明确规定集体收益50万元以上的村，使用不超过40%的收益用于村内基础设施建设；收益达到80万元以上的村，使用不超过40%的收益用于村内基础设施建设，20%用于村集体经济组织成员分红；收益达到100万元以上的村，在基础设施建设和成员分红的基础上，可使用不超过10%的收益用于村干部绩效奖励，让村民实实在在享受到村集体经济发展带来的红利，让村党组织越来越成为群众的"主心骨""领路人"。预计全区237个村2024年集体经济收入1.78亿元，村均75万元。

三 经验启示

（一）要始终坚持党的领导

在基层党组织坚强领导下，推动村集体股份经济合作社理事会、监事会依法依规发挥职能作用，充分保障村民知情权、参与权、表达权、监督权，确保农民成为改革参与者、受益者，为落实集体所有权、明晰农户财产权、放活资产经营权打好坚实基础。

（二）要健全完善配套制度

注重顶层设计，出台区域性指导实施方案，逐步建立产权明晰、权责明确、经营高效、管理民主、监督到位的村集体"三资"管理体制和运行机制。建立数字化、智能化"三资"监管平台，实现运营情况、收益情况动态更新和实时监测，为盘活农村资源资产插上数字化"翅膀"。

（三）要持续优化队伍建设

充分调动"土专家""田秀才""乡创客""新农人"的积极性，进一步优化人才队伍结构。坚持"政府引导+市场化运作"模式，积极培育一批产业承接龙头。探索多种经营模式，提高抗风险能力。

（四）要有效拓宽增收渠道

对于村集体所有项目资产，可探索通过村企合作方式，结合产业发展需要，进行盘活改造再利用，使其在田间地头提供生产、仓储、物流服务，重新发挥效益；对于拥有较好资源禀赋和产业基础的产业，可通过土地流转方式，推动高效集约发展，使资源优势转化为经济优势；对于规模较小、布局分散的产业，可通过跨村跨镇联合等方式，进行集中运营管理，实现规模效应。

江西广昌县：
探索资产"五位一体"
管护新模式

摘 要 如何使帮扶项目资产得到有效管护，充分发挥效益，促农增收致富，始终是摆在我们面前的一个难题。过去，帮扶项目资产管理存在管护分散、管护人员力量单薄且不专业、管护资金统筹整合不够等问题。江西广昌县探索将"农田水利工程""农村饮水工程""新农村基础设施""乡村道路"等农村基础设施进行集中管护，通过资产"五位一体"管护工作新模式，有效破解了帮扶项目资产管理难题，促进了农村管网通达、供水有序，渠畅岸美、泽润良田，村容村貌、焕然一新，并带动了农户持续增收。

 案例背景

在脱贫攻坚期间，各地形成了大量扶贫项目资产，建后管护任务逐渐增加，扶贫项目资产管护不到位的问题日益显现，主要表现在：管护主体不明，存在"有建设、有人用、没人管、没人护"等问题；管护机制不活，"重建轻管"问题依然存在，行业部门对管护实施监管力度和实施要求各不相同，监管难以全面覆盖；管护经费不足，部分管护资金未列入财政预算，或列支不足。为此，党的二十届三中全会《决定》提出"健全脱贫攻坚国家投入形成资产的

长效管理机制"，为进一步"管好用好"帮扶项目资产指明了方向。江西省广昌县作为原国家扶贫开发工作重点县，于2018年7月顺利实现高质量脱贫"摘帽"。近年来，广昌县深入贯彻落实党中央、省、市关于巩固拓展脱贫攻坚成果同乡村振兴有效衔接的决策部署和工作要求，严格落实帮扶项目资产管理责任，积极创新建立帮扶项目资产"村级管护、乡镇监督、县级考核"的长效管护机制。坚持建管并举，将"农田水利工程""农村饮水工程""新农村基础设施""乡村道路""农村公墓"等农村基础设施进行集中管护，探索形成了农村基础设施"五位一体"管护模式。截至2024年11月，该管护模式已实现全县11个乡镇129个行政村全覆盖。

二　做法成效

（一）把握关键节点，解决"谁来管""缺钱管"的问题，实现管护"市场化"

为解决农村基础设施"重建轻管"问题，进一步巩固拓展脱贫攻坚成果，广昌县坚持以问题为导向，不断整合资源、创新机制、优化服务，扎实推进农村基础设施"五位一体"管护工作。**一是明确管护主体**。坚持"谁受益、谁管护"和"市场化运作与政府补助相结合"的原则，明确第三方公司为服务主体，乡镇为考核主体，县直有关部门为专业主体。将农村基础设施和公共服务设施管护纳入村规民约，开展文明农户、道德"红黑榜"等评比活动，充分发动群众参与帮扶项目资产后续管护。**二是构建管护体系**。按照属地管理和市场化管理相结合的原则，2020年引进江西省水务集团有限公司，将全县农村基础设施和公共服务设施管理责任进行整体移交，推进管护市场化建设，并采取乡镇推荐、社会招聘等方式充实市场化管理队伍，实行两套牌子一套人马，管护人员达到200余人，确保农村基础设施"管得下、管到位"，走出一条"市场化＋集约化"的发展新路。**三是落实管护资金**。经过多轮磋商，结合调价机制，最终确定第三方农村公共基础设施市场化长效管护服务费为10年共计1.65亿元。由每个行政村筹集新农村管护经费不低于5万元/年，其中县、乡镇按共同筹集不少于3万元（行政村·年）的标准安排美丽乡村管护专项资金。另外整合农村饮水安全维养、农业水价综合改革、农村道路日常维养等上级补助资金，不足部分由县财政兜底解决。2023年预算安排了1 650万元管护经费，实际拨付资金1 647.79万元，形成了"政府+市场+社会"的多方投入机制，实现管护资金集约化使用。

（二）建立长效机制，解决"管什么""怎么管"的问题，实现管护"精细化"

全面推广农村基础设施"五位一体"管护模式，建立健全帮扶项目资产长效管护机制，力争实现"政府、企业、群众"三方共赢。**一是梳理管护内容。**按照"环境卫生干净、河塘水体洁净、道路安全畅通、公共设施完好、绿化养护到位"的总体要求，政府与第三方责任公司签订农村基础设施建后管护服务合同，明确具体管护标准和内容。先后将32.1万亩灌溉农田、1 934座水陂、548座山塘、105座泵站、2 196公里渠道、554处"小农饮"、638处新农村休闲广场、356座公厕、3 287处水塘、26.6万平方米绿化、9 852盏路灯、1 355.4公里乡村道路以及19处公墓等纳入维养管护项目范围。**二是细化管护流程。**日常养护方面，按照属地管理原则，落实管护人员、管护内容、管护职责，建立县、乡、村三级养护机制，村级服务站开展日常养护、乡镇服务中心组织应急维修、县级公司解决专业问题；工程维修方面，按照"问题分级上报、农业水利牵头实施、行业分类监管、乡镇组织实施"程序，建立工程维修机制。目前，已除险加固31座小型水库，整治357座山塘，改造整治农饮水工程289处且抢修7 000余次，清理乡村道路大型塌方清理93余次、小型塌方847余次，修复不平整的机耕道和生产道1 410余次等。**三是优化考核机制。**出台了《广昌县农村公共基础设施"多位一体"考核办法》，将农村基础设施管护列入年终农村人居环境整治考核重要内容。实行"一月一巡查、一季一考核"，根据考核得分核算管护经费。同时，要求维养公司制定内部考核机制，在乡镇监督下严格按照管护标准开展日常保养和维护，实行每月不定期巡查和每季定期绩效考核，确保管护人员责任有落实、考核有实效、管护有保障。

▲ 头陂镇锡坊村窑家园农田沟渠维养清理前后对比

（三）推进数字赋能，解决"不好管""管不好"的问题，实现管护"信息化"

按照"需求牵引、应用至上、数字赋能、提升能力"的要求，广昌县与中铁水利信息科技有限公司合作，为农村基础设施"五位一体"管护模式量身打造了多位一体综合管护信息化平台，不断拓宽线上平台覆盖面，提高管护工作效率。**一是建好一个平台。**依托三级管护网络，搭建了"广昌数字农业信息化平台"，创建了"广昌数字农业信息化平台"微信小程序，利用物联网实时采集的海量数据，强化农业农村、水利、交通、国土、气象等部门之间的资源整合、数据互通，在同一平台上实现无缝衔接，对管护工作进行全方位的分析、指挥、调动和管理，提升农村基础设施维修养护人、财、物管理效率，形成"共建、共治、共享"长效机制。**二是实现一网感知。**将全县农田水利工程、农村饮水工程、乡村道路、新农村基础设施、农村公墓全部纳入平台，构建农业农村数据资源"一张图"，真正实现一网感知，形成可交互式的数字化管理体系，为各类农业互联网应用提供基础数据支撑。**三是推行一键上报。**利用大数据和物联网等数字化手段，平台实时监测农村基础设施基本信息、运行情况和实时变化，对存在的风险隐患进行预警预判，通过"一键触发"，实现事前事中事后全过程全领域监管，形成管理闭环工作体系。目前，平台已推送预警信息1 489条。

 三 **经验启示**

（一）选准第三方管护主体是实现资产管护"市场化"的第一步

实现资产管理"市场化"，选准管护主体至关重要。广昌县破解以往存在的分散管理、管护不专业、管理不到位等难题，与第三方公司签订管护协议，将全县农村基础设施和公共服务设施管理责任进行整体移交，整合农村饮水安全维养、农业水价综合改革、农村道路日常维养及农村公墓等各类补助资金，推进管护市场化建设，并采取乡镇推荐、社会招聘等方式充实市场化管理队伍，确保农村基础设施"管得下、管到位"。

（二）建立有效管护模式机制是实现资产管护"精细化"的保障

建好管护机制，才能实现管护工作的高效运行。广昌县全面推广农村基础设施"五位一体"管护模式，明确具体管护标准和内容，落实管护人员、管护内容、管护职责，建立县、乡、村三级养护机制，实行"一月一巡查、一季一考核"，确保资产管护人员责任有落实、考核有实效、管护有保障，取得了农村管网通达、供水有序，渠畅岸美、泽润良田，村容村貌、焕然一新，带动农户持续增收的成效。

（三）要用好数字赋能法宝促进实现资产管护"信息化"

广昌县依托三级管护网络，搭建了"广昌数字农业信息化平台"通过"一键触发"微信小程序，利用物联网实时采集的海量数据，第一时间推送资产预警数据，及时发现并解决帮扶项目资产有损坏、残缺等情况，切实保障帮扶项目长期稳定受益于民。

山东聊城市：
推行"三化"管理 强化资产运营

摘 要 促进帮扶项目资产保值增效是巩固拓展脱贫攻坚成果、衔接推进乡村振兴的有力支撑。近年来，山东聊城市聚焦帮扶项目资产"管理、管护、运营"三大板块，坚持创新工作方法，全面推行数字化管理、精细化管护、市场化运营"三化"管理模式，有效实现了资产良性运行。党的十八大以来，聊城市共形成25.08亿元经营性帮扶项目资产，累计实现帮扶收益6.7亿元，有效促进了脱贫群众稳定增收。

 一 案例背景

脱贫攻坚以来，聊城市统筹使用财政扶贫（衔接）资金、省内协作资金等各类帮扶资金，实施了1 752个帮扶产业项目，形成25.08亿元的经营性帮扶项目资产，有效助力了贫困户稳定增收。为切实加强帮扶项目资产管理，确保资产稳定良性运行、稳定发挥帮扶带动作用，持续为巩固拓展脱贫攻坚成果、推进乡村全面振兴提供有力支撑，聊城市在创新管理手段、强化管护措施、推动高效运营等方面下功夫，结合全市帮扶产业项目特点，积极探索出数字化管理、精细化管护、市场化运营"三化"管理模式，有效实现了经营性帮扶项目资产的良性运营。截至2024年10月底，全市经营性帮扶项目资产累计实现帮扶收益6.7亿元，帮扶带动脱贫人口达151.4万人次。

 **做法成效**

（一）数字化管理，推动资产运营"天眼管控"

聊城市全面推行帮扶产业项目可视化管理，依托"聊城市防返贫暨乡村振兴智慧云平台"监测系统，开发项目资金管理模块，将全市1 752个帮扶产业项目纳入监测范围，对项目运行状态、运营情况实现了实时监控、在线监测。**一是项目现场实时监控**。市、县两级依托视频监控、图像采集以及光伏电站手机终端数据分析，实时掌握项目运行状态，发现问题苗头及时处理。全市1 752个帮扶产业项目中，有230个项目安装现场视频监控；1 088个项目，由项目挂包干部每月分两次上传带有拍摄时间和地标的项目现场图片；利用全国光伏帮扶信息监测系统，对434个光伏帮扶电站项目，实时开展发电情况分析，核查发电能力指数，及时发现故障问题反馈排查处理。**二是资产运营在线监测**。组织县乡两级将帮扶产业项目经营合同全部上传系统，将合同签订时间、收益到账金额及时间等关键信息录入系统，实现一一对应。一方面，系统通过比对经营合同信息和县乡录入信息，可及时掌握项目运营和收益收取情况。另一方面，系统对合同到期续签、收益履约到账等关键环节，实行"黄橙红"三色预警。即到期前90天、30天、15天分别发出黄色预警、橙色预警和红色预警，有效提醒县乡两级提前对接，督促相关主体及时续签合同、商定更换承租单位、按期足额收取收益。对出现红色预警仍未处理的，市级进行正式发函反馈，督促县级及时处理；县级处理完毕，在系统上传相关证明材料后，消除红色预警，形成闭环式跟踪管理。通过数字化管理，项目监控和资产管理工作直插一线，把事后发现转变为事前预警，把"办事人员现场跑"变成了"资产情况线上看"，切实提高了工作效率和质量。

（二）精细化管护，推动资产管理"换挡加速"

一是建立县乡村三级管护制度。全面压实县乡村三级帮扶项目资产管护责任，由县级成立帮扶产业项目管护小组，负责全县帮扶产业项目运营监管和管理督导；镇级压实监管责任，逐个项目明确责任人，对1 752个帮扶产业项目明确1 038名挂包科级干部，及时帮助解决实际问题；村级落实具体管护责任，发挥村干部作用，对项目进行实时监管，发现问题及时落实整改。**二是筑牢保险兜底保障。**帮扶产业项目容易遭受自然灾害等造成毁损，影响生产运营。自2018年以来，聊城市有关县区先后投入财政资金1 236.57万元，为大棚、光伏电站等1 129个帮扶产业项目购买了保险，防范项目运行中出现的各种风险，为项目资产提供坚强的安全保障。2021年，全市帮扶产业项目受台风"烟花"影响损失达767.58万元，通过保险对部分受损大棚、光伏帮扶电站赔付375.09万元，为帮扶项目资产维修和管护提供了资金支持。**三是分类做好资产处置。**及时对帮扶项目资产进行甄别定级，重点关注资产运行不良和加速减值等问题，将次级易损资产进行重新发包或资产置换。对确实难以为继、起不到带动作用的低效帮扶产业项目，按照资产保值、收益保障的原则，严格履行相

▲ 冠县店子乡东化村2023年灵芝科技示范园一期项目

关程序,开展评估论证,有序调整、销号退出,处置后资金及时投入实施新项目。2021年,对受台风影响受损的蔬菜大棚,第一时间组织开展全市排查,对结构完好、内涝严重的1 351个大棚进行了排水维护,对948个棚体塌陷、钢架变形的大棚进行了修复,对严重损毁、无修复价值的403个大棚进行了资产处置。截止目前,全市共有100余个低效产业项目通过置换方式,24个债权类投资项目通过资金回收方式,重新实施了新的产业项目,有效保障了资金、资产安全。

(三)市场化运营,推动项目"提质增效"

一是联动优质企业实施项目。以市场为导向,大力实施"优质企业+优势项目"联动培育工程,择优选择、积极对接各类优质市场主体,充分发挥其在经营、市场等方面优势,共同组织实施市场前景好、效益高的帮扶产业项目,切实提升运营水平,确保稳定收益。临清市先锋办事处依托清源正本生物科技公司,使用中央财政专项扶贫资金700万元实施桑黄产业扶贫开发项目,通过"企业+合作社+农户"的方式,先后与20余家合作社建立长期合作关系,累计带动附近脱贫户就业210人次,辐射周边3 000多户农业种植户增收致富。**二是依托国有平台实行专业管理。**支持依托综合实力较强的国有企业,建立县

▲ 聊城临清市先锋办事处桑黄产业扶贫开发项目

级帮扶项目资产综合管理平台，通过发挥平台优势，推动现有帮扶产业项目统一集中托管，并及时根据市场变化情况及时调整经营方式，确保项目资产保值增值、持续发挥效益。如东阿县成立了鲁润农业综合开发有限公司，按照投资、开发、生产、销售各个环节，设立鲁润建设、福民产业发展投资、康达食品配送和裕农食品配送4个子公司，有序接管全县已建成的226个帮扶产业项目，涉及资产1.19亿元。根据项目特点，目前有41个项目由公司自营、130个项目实行委托经营、55个项目开展承包经营，进一步提升项目资产运营管理水平和盈利能力，实现了"专业的事由专业的人干"。

 经验启示

（一）数字化创新是实现资产管理升级的关键抓手

精准掌握现状是管理优化的先决条件，而高效执行则依赖于技术的革新。聊城市围绕"底数清、主体清、责任清"三个标准，创新应用资产监管平台，建立资产数据信息网络，实现了对帮扶项目资产的可视化监控、数字化管理，实时了解项目资产现场及运营情况，为市县乡各级提前预警风险、动态发现问题、及时排查处置提供了技术支撑，有效提升了资产管理的透明度和工作效率，为帮扶产业项目资产的安全持续运行打好了基础。通过数字化手段，为帮扶产业项目资产的安全稳定运营铺设了坚实的基石，也验证了数字化创新在推动管理升级、保障资产安全、促进持续发展方面的重要作用。

（二）精细化管护是保障资产落地见效的关键路径

帮扶项目资产大部分分布在镇村，责任主体在镇村，只有把责任精准化、层层压实压透压到底，才能做到管理无盲区、落实无漏洞。聊城市围绕帮扶产业项目资产的核心议题——"谁来管、怎么管，如何管得好"，采取了逐级明确、细化监管责任的策略，形成了一个集资产管理专业化、资产投向多元化、经营决策流程化、风险防控系统化于一体的管理体系，构建了一条牢固的安全运行责任链，确保帮扶项目资产能够持续高效、稳健运行。这一系列举措不仅彰显了精细化管护在确保帮扶项目资产长效运行方面的积极作用，也为其他地区提供了可借鉴的宝贵经验。实践证明，只有不断深化精细化管护，才能确保帮扶项目资产真正落地生根、开花结果，为乡村振兴战略的深入实施注入强大动力。

（三）市场化思维是激活资产保值增效的内在动能

资产运营是市场行为，需要坚定秉持市场化运营理念，明确划分市场与政府职能边界，将市场的运作交由市场主体自主决策，将专业领域的事务委托给专业团队精细管理。聊城市坚持帮扶产业项目市场化运营，将市场的事交给市场主体，将专业的事交给专业团队，积极联动优质企业，投资仓储加工、电商、农产品加工等优质项目，有效依托国有平台实现帮扶产业项目资产集中统一托管，这既解决了部分小散弱产业项目不可持续的问题，又弥补了村集体管理不专业的短板，能够有效推动农村优势特色产业壮大发展，打响农业特色产品品牌，延长联农带农价值链条，实现产业增效、农民增收。聊城市的经验表明，专业的事需要专业的人，市场的事需要市场办，帮扶项目资产也需要通过市场机制引入项目运作，激发项目的自我发展能力和持续创新能力。

湖北丹江口市：

创新"3333"工作模式
发挥公益性资产更大效益

摘 要 为持续发挥公益性帮扶项目资产效益，湖北丹江口市聚焦管好用活公益性帮扶项目资产，健全管护责任体系，压实了"三级"管理责任；全力做好资金保障，探索了"三方"投入机制；统筹开展监督管理，落实了"三个"有效监督；严格考核提升质效，强化了"三个"工作导向，为扎实推进巩固拓展脱贫攻坚成果、乡村全面振兴提供坚强有力的硬支撑。

一 案例背景

公益性帮扶项目资产具有规模大、分布范围广、效益周期长、公益属性强、群众期望大的特点，如何管好用活公益性帮扶项目资产亟待探索。脱贫攻坚期间，丹江口市不断配套完善农村基础设施和公共服务设施，通过加大财政投入力度，加快农村水、电、路、网、文、卫等基础设施建设，补齐农村发展短板，缩小城乡发展差距；过渡期以来，始终坚持"四个不摘"，持续巩固提升公共服务设施，累计建设形成道路交通、农田水利、供水饮水、环卫公厕、文体设施等各类公益性帮扶项目资产2 486项，资产规模达25.5亿余元，占全市帮扶项目总资产的59.5%。近年来，丹江口市始终贯彻落实《关于加强扶贫项目资产后续管理的指导意见》和《湖北省扶贫项目资产后续管理办法（试行）》，紧盯责任落实、资金保障、监督检查、考核奖惩等四个环节，压实"三级"责任、探索"三方"投入、落实"三个"监督、强化"三个"导向，不断创新管理机制，积极探索强化公益性帮扶项目资产管理的有效路径和长效机制，实现保值、管好、用活的基本目标，真正让群众放心、用得舒心。

 ## 二 做法成效

（一）压实"三级"责任，健全管护机制

严格按照"谁受益、谁管护，谁主管、谁负责"的原则，自上而下，分类施策，建立"行业部门对口管、乡镇主责管、村委会具体管"的三级管护机制。**一是压实行业部门责任。**强化组织领导，细化行业部门及项目实施单位工作职责，由行业主管部门科学制定管护标准、管护模式和管护规范，明确管护人员配置标准、管护费用、监管办法等。**二是压实乡镇管理责任。**分类明确不同帮扶项目资产的管护主体，因地制宜制定管护方案。如发挥乡镇集中管理优势，将通乡路和通村路、农村集中供水设施等大型且集中的公益性帮扶项目资产，明确至乡镇交管办、集镇办、水管处等主管单位。将农村通户路、农村分散供水设施、村卫生室、村级党群服务中心、易地扶贫搬迁基础设施及公共服

▲ 丹江口市国润水务有限公司水厂，供水覆盖38个行政村1.4万户6.8万人

务配套设施等相对分散、独立的公益性帮扶项目资产，管护责任明确到村。**三是压实村级管护责任。**由村级按照脱贫户、监测对象等公益岗人员和村组干部共同管理的方式，根据不同资产特点、管护工作实际需求，采用"一人一岗"或"一人多岗"方式，签订管护责任书，落实管护责任人，落实工作考核制度，扎实开展日常管护工作。

（二）探索"三方"投入，强化管护保障

建立"三个一"管护资金保障模式，确保公益性帮扶项目资产管护工作有力有序可持续，长期安全运行，持续发挥效益。**一是从财政专项资金中列支一部分。**对管护资金需求较大的通乡（村）公路、农村供水设施、村级卫生室等资产，由市财政预算安排专项管护资金，同时积极争取并整合相关部门项目支持，加大管护资金投入力度。在通村公路管护上，由市交通运输局按每公里不低于1 000元的专项管护经费予以保障。在村级卫生室管理上，由市卫生健康局不断强化村医队伍建设，同时将每年3 650元的基本运行费提升至5 000元，保障村级卫生室正常运转。在农村供水设施管护上，由市财政每年从水资源管理费中列支100万元以上予以保障。**二是从集体经济收入中解决一部分。**用足用活经营性帮扶项目资产收益，强化对公益性帮扶项目资产后续管护的资金支持。将光伏电站收益的80%用于保障保洁员、护林员、护水员等村级公益性岗

▲ 牛河林区舒家岭村通村公路覆盖人口超过2 000人，年管护资金2.5万元

位。将就业帮扶车间、产业基地等经营性帮扶项目资产收益的30%以上优先用于公益性帮扶项目资产的管护。**三是通过社会力量筹措一部分。**通过举办成功人士回乡恳谈会等方式，积极引导本籍在外成功人士"自觉自愿、量力而行"，对家乡进行慈善捐赠，捐赠资金优先用于公益性帮扶项目资产管护。2021年，通过开展"万企兴万村""回报家乡"等活动，全市筹集捐赠资金113万元，其中50余万元用于公益性帮扶项目资产管护。

（三）落实"三个"监督，构建共管格局

建立分级管理、逐级负责、齐抓共管的监管体系，每季度一调度，落实监管措施，确保管护到位。**一是注重日常监督。**按照属地管理原则，紧盯资产核查是否全面、登记确权是否精准、管护运营是否科学、责任落实是否到位、资产处置是否规范等五个环节，全市建立18个乡镇专班、194个村级专班，常态化、制度化对公益性帮扶项目资产使用、管护工作落实情况开展监督检查。市级组织专班，不定期深入乡镇、村（组）开展随机抽查，并建立季调度工作机制，召开季度例会，听取资产管护运行情况，及时发现并研究解决资产管护中出现的新情况、新问题。**二是强化专项监督。**研究制定《丹江口市帮扶项目资产后续管理情况专项监督工作方案》，由市纪委监委围绕"四看"开展专项监督，对

▲ 坪镇共享书院存放图书5 000余册，为600多名学龄儿童提供免费的借阅和托管服务

虚报冒领、挥霍浪费、截留私分、贪污挪用、侵占套取、非法占有使用或违规处置公益性帮扶项目资产的违纪违法行为，严肃追责问责。**三是接受群众监督。**严格执行"四议两公开"制度，每季度对公益性帮扶项目资产管理情况进行公示，畅通举报渠道，鼓励群众积极参与管理和监督，及时回应群众举报和关切。同时注重发挥老党员老干部、群众代表的监督作用，织密全员监督"一张网"。

（四）强化"三个"导向，提升管护质效

把公益性帮扶项目资产管理纳入巩固脱贫成果考核评估，强化考核结果运用，提升资产管理质效。**一是科学制定考评方案，强化目标导向。**聚焦帮扶项目资产保值增值、可持续发展、联农带农增收等方面，科学设置帮扶项目资产管护绩效评价指标，其中把公益性帮扶项目资产管护作为重要评价内容，确保资产不闲置、不损失、不浪费。**二是加强工作考核，强化绩效导向。**将公益性帮扶项目资产管护在帮扶项目资产管护考核中的分值比例提高至占比50%，保障其长效运行、可持续发展。**三是加强考核运用，强化结果导向。**对年度综合考核前4名的乡镇，分别给予25万元奖励，并在次年度财政衔接资金分配中，对公益性帮扶项目资产管护好且年度综合考核排名第1位的乡镇倾斜支持，对倒数后2名乡镇的党委书记进行工作约谈，做到奖惩分明，导向正确，激励创优争先，鞭策后进，有效提升了公益性帮扶项目资产管护成效。

▲ 盐池河镇盐池湾村公厕，专人每日保洁、每周一抽查、每月一评比

三 经验启示

（一）责任落实是前提

责任落实是工作落实的前提，是公益性帮扶项目资产有效管护的重要保障。在公益性帮扶项目资产管护工作中，丹江口市通过明确并落实各个层面和各个部门的管护责任及要求，建立了责任明晰、措施具体、要求明确、标准清楚的管护责任机制，以调动各地各部门加强公益性帮扶项目资产管护的主动性和积极性，形成了齐抓共管的合力。

（二）创新监管是途径

只有结合实际、不断探索创新，才能适应帮扶项目资产管护的新形势、新要求，才能管好用活，不断提升群众的获得感。为健全长效管护机制，丹江口市在实践中总结探索，形成了日常监督和专项监督相结合的监督机制，政府、集体、社会投入相结合的投入保障机制，正向激励和反向约束相结合的结果导向机制，探索出了公益性帮扶项目资产管护的有效路径。

（三）资金投入是关键

公益性帮扶项目资产管护是长期性工作。丹江口市在公益性帮扶项目资产管护过程中，把资金投入放在重要位置，"本级财政资金＋集体经济投入＋社会资本"的路径，有效解决了公益性帮扶项目资产管护难的问题，保障了公益性帮扶项目资产发挥的群众共享效益。

（四）群众参与是基础

充分调动群众积极性、主动性和创造性，是做好公益性帮扶项目资产管护工作的坚实基础。群众是乡村建设的主体。在公益性帮扶项目资产管护中，丹江口市始终注重发挥群众的主体作用，将群众监督贯穿管护工作的各环节，保证了公益性帮扶项目资产管护的有效性。

广西玉州区：
"五抓五管"
提升帮扶项目资产质效

摘　要　加强帮扶项目资产后续管理、突出项目资产效益发挥是巩固拓展脱贫攻坚成果、衔接推进乡村全面振兴的重要抓手。广西玉州区坚持强化帮扶项目资产后续管理，积极探索创新资产"五抓五管"管理模式，以抓产权归属、抓权责明晰、抓经营高效、抓融合发展、抓机制完善等措施，明确了项目资产"管什么""谁来管""怎么管"系列问题，确保了项目资产"管得好""不脱管"，推动了项目资产与产业发展深度融合，有效促进帮扶产业高质量发展，让巩固拓展脱贫攻坚成果成色更足，乡村振兴底色更亮。

一　案例背景

　　"十三五"期间，玉州区狠抓基础设施建设，改善贫困村生产生活条件，大力发展特色产业，壮大村集体经济，投入形成扶贫项目资产597个，助推13个贫困村摘帽，4 249户16 963名建档立卡贫困人口脱贫。但是随着时间推移，脱贫攻坚期间建成的项目逐渐出现部分公益性资产损坏、经营性资产未能适应市场变化导致经济效益低等问题。为深入贯彻习近平总书记关于"三农"工作的重要论述，建立健全帮扶项目资产的长效运行管理机制，玉州区围绕产权归属明晰、权利义务匹配、运营管护高效、发展动能强劲、管护机制完善等目标，打通项目资产运行管理关键环节，探索"五抓五管"模式，推动帮扶项目资产长期稳定良性运转，公益性资产持续发挥作用、经营性资产保值增值，有力助推了农村劳动力就业增收，为巩固拓展脱贫攻坚成果、推进乡村全面振兴提供了重要保障。2023年玉州区农村居民人均可支配收入达25 120元，是2013年9 518元的2.6倍。

二 做法成效

（一）抓产权归属，明确"管什么"

一是家底摸排。城区成立工作专班，由专班组织农业农村、财政等行业部门以资金投向为主线、资金来源为依据全面梳理2013年以来使用各级各类扶贫资金、帮扶资金筹建的项目资产，自上而下反馈至镇（街道）村核实，由镇（街道）村进行摸底登记、清查核准。**二是分解归类**。对已形成的帮扶项目资产，进一步厘清资产的所有权、经营权、收益权、监督权、处置权，形成项目资产管理清单，建立工作台账。**三是精准确权**。根据资产类型，按照"核准资产权属→县级人民政府审定→项目建设单位（业主）登记资产→实行三级公示→信息化管理"有序推进确权登记。目前，共确权登记项目资产943个（其中公益类资产757个、经营类资产186个）。

（二）抓权责明晰，明确"谁来管"

运用网格化模式对项目资产进行管理，明确各层职责。**一是区级统管**。坚持以问题为导向，工作专班定期专题研究，紧密协调解决帮扶项目资产后续管理工作中出现的问题。**二是部门协管**。明确区级相关行业主管部门项目资产指导、监管和绩效评价等责任，加强全过程绩效管理，财政、审计等部门会同各行业部门定期对帮扶项目资产的管理和运营情况进行抽查，确保资产安全和有效利用。**三是镇（街道）主管**。镇（街道）对本辖区资产管理负总责，党政主要领导为总网格长，各包村领导为网格长，负责对各村帮扶项目资产运行管理情况开展日常监督指导。**四是村级直管**。将项目资产融入村级网格化管理，大网格（村委会）负责落实每项资产的管护经费、收益分配、调整处置；小网格（分片分组）落实具体管护人员，每月对本网格内所有项目资产逐一排查管护一次。**五是群众监督**。开通监督举报电话、设立项目公示碑，畅通群众监督和诉求反映渠道，自觉接受群众监督，保障受益群众对项目资产的知情权、参与权、监督权。

（三）抓经营高效，明确"怎么管"

定期梳理排查项目资产情况，并根据资产状态，探索分类管理。**一是巩固一批**。对正常运行的94个项目资产，加强日常管理，压实管护责任，符合相关政策条件的，给予适当政策倾斜，确保项目资产稳定发挥效益。**二是升级一批**。对具有一定发展基础，但存在短板或需要对配套设施设备改造提升的项目资产，结合群众需求和第三方效益评估，实施政策倾斜、技术支持等针对性措施。如仁东镇鹏垌村康乐庄项目，鹏垌村与广西新影响文化投资集团有限公司合作重装升级，打造鲲鹏福地文旅品牌，建设"产、学、研、旅"为一体的鲲鹏福地·和美乡村，实现新增入驻企业10家、小工厂22家，返乡就业人数超过300人，村集体经济收入年增加20万元以上。**三是盘活一批**。对因经营管理、自然灾害、市场导向、政策因素等导致闲置低效的经营性资产，在充分征求群众意见后，通过网络平台发布资产信息，委托第三方管理公司对资产进行资源整合。如南江街道广恩村番鸭孵化及养殖基地项目，受市场行情影响效益较差，经过"四议两公开"程序分析研判，委托第三方梳理规划设计，借助"玉商回归"平台重新招商引资，确定由本村企业家黎小泽投资发展食品深加工，直接带动40多户农户，户均增收3 000元以上。截至目前，玉州区有15个帮扶项目资产通过改造、转产、招商、租赁等方式进行市场化运作，盘活的资产价值1 425万元。**四是调整一批**。对抵抗市场风险能力逐渐弱化、发展前景愈发暗淡的经营性项目资产，及时研判调整转型。如因市场波动，城西街道新定村食用菌种植、仁厚镇上罗村中草药种植等9个项目资产发展停滞并出现亏损，经村民代表大会决定终止项目，及时进行资产清算移交，转投玉林牛腩粉产业园项目，确保资产保值增值。**五是处置一批**。对因自然灾害导致闲置低效的公益性资产，经充分评估论证后，安排适量资金进行修缮维护。对因损毁无法正常使用或因政策、规划调整被征收的公益性资产，通过报废、清算、核销等方式进行处置。经"处置动议—村级申请—镇街申请—区级主管部门审核—区委农村工作领导小组或区政府审批"的程序，累计处置报废12个公益性资产。

▲ 鹏垌村康乐庄项目升级后中秋节活动夜景

（四）抓融合发展，确保"管得好"

深入推进"龙头企业+合作社+基地+农户"模式，推动产业项目实现从"小而散"到"大而强"的转变，提升帮扶产业带动成效。**一是凝聚"小资产"**。整合项目资产，组织村集体、合作社和农户投入土地、劳动力等参与合作，大力发展水稻、米粉加工、特色果蔬等产业，打造玉州区好粮仓香稻产业示范区、鲲鹏福地农工商文旅示范带等项目，辐射带动5 500多户农户（含脱贫户）增收4 500多万元、3个村村级集体经济年增收50万元左右。**二是引入"新引擎"**。深化帮扶项目资产与农业龙头企业的合作发展，共推"粮食银行"

运营模式，发展集"耕、种、管、收、购、销"于一体的新型农业服务模式，帮助农户实现托管服务、统种统购、烘干存储、存取自由、保价增值。利用O2P农业新零售模式，通过移动终端和好粮仓智能米机，将线上"好粮仓"商城及线下实体门店、经销商、供应商、厂家等有效链接起来，打造点面结合、覆盖面广、功能齐全、效益明显的销售网络，辐射带动农户以粮增收，带动周边县（市、区）以粮创收。**三是培育"新生力"。**坚持帮扶项目资产和特色牛腩粉全产业链融合发展。近年来，玉州区32个村瞄准牛腩粉产业，累计投入衔接资金7 000多万元完善延长牛腩粉产业链，撬动总投资约43.4亿元的玉林牛腩粉产业园，形成与之相关的68个项目资产，直接带动32个村实现集体经济收入增长，产业链上中下游间接带动上万人就业，有力促进农民增收。

▲ 重点项目——玉林牛腩粉产业园航拍图

（五）抓机制完善，确保"不脱管"

　　一是建立管护"资金池"。在帮扶项目资产后续管护资金上做文章，一方面统筹不超过5%的自治区衔接资金，另一方面引导各村每年从村集体经济收益中取出1%的资金，投入管护资金池，作为项目资产的管护经费。**二是建立**

容错纠错机制。充分给予各村自主权，积极探索新路径提升管护效益，对在工作中因创新思路、先行先试出现探索性失误或未达到预期效果的，因主动揽责涉险、积极担当作为出现一定失误的，因勇于破除障碍、灵活应用政策造成一定损失的，因政策界限不明确或不可预知因素、在创造性开展工作中出现失误或造成一定负面影响和损失的，因政策调整或上级决策部署变化、工作未达到预期效果或造成一定负面影响和损失的情形，予以一定的免责。**三是强化激励机制**。每年委托第三方机构对资产运营情况进行绩效评价，将绩效评价纳入镇（街道）、部门年度乡村振兴工作考核指标，与项目资金安排直接挂钩，力促项目资产"管好用好长收益，保值增值不流失"。把经营性资产的经营主体作为龙头企业培育对象进行重点培育，实行资金、项目倾斜，落实资金扶持、项目配套、贷款融资等优惠政策，优先评优推先。

 三 **经验启示**

（一）确保群众参与是凝聚资产管理合力的关键路径

群众的主体作用是核心要素，是确保各项工作顺利推进的不竭动力。在资产管理实践中，必须牢牢把握确保群众受益的价值导向。玉州区在项目的谋划建设、管理维护和运营等各个阶段充分保障受益群众对项目资产的知情权、监督权，并积极发动当地群众参与，广泛地征求群众的意见，集思广益，有效激发了当地群众的主人翁意识，确保了项目资产得到妥善管护和有效利用，从而最大化地发挥出项目资产的效益，使当地群众受益。实践证明，唯有将群众视为资产管理的主体，而非旁观者，通过建立健全群众参与机制，畅通民意表达渠道，才能将地域性的产业特色与项目需求精准对接，形成上下一心、群策群力的良好局面。

（二）坚持精准施策是优化资产管理的核心策略

帮扶项目资产的精细化管理体系十分重要，玉州区通过建立"一项目资产—问题—整改方案"机制，依托审计专项检查或委托第三方机构对项目资产清单进行全面"体检"，精准查找各类帮扶项目资产的问题症结，有针对性地采取行之有效的措施，做到分类合理、施策精准，提升帮扶整改效果。实践证明，只有坚持精准施策，才能有效应对帮扶项目资产管理中的各类挑战，确保资产能够持续发挥效益。

（三）强化建章立制是资产高效管理的重要保障

合理规范的工作制度是实现有效管理的关键。只有通过方方面面的制度建设，才能更好明确区、镇（街道）、村各级在项目资产管理工作上的任务分工，并将具体工作落实到个人，确保管理工作覆盖全面，不留死角，责任链条无缝衔接。玉州区通过不断丰富资产管理政策集合，按资产类型分类汇总，形成项目资产管理清单，并建立台账进行动态管理，推动以科学制度管理资产，确保资产权属清晰、情况透明，稳定持续产生效益。实践证明，只有不断强化建章立制，以制度管人、管事、管资产，才能有效提升项目资产管理的专业化、规范化水平。

四川旺苍县：

构建"三位一体"机制
提振帮扶项目资产质效

摘 要 帮扶项目资产是衔接推进乡村振兴的重要建设内容。近年来，四川旺苍县为切实解决帮扶项目资产管理面临的底数不清、监管不严、质效不高等问题，开发集"资产登记、资金支付、预警提醒、阳光公开、综合分析、监督管理"等功能于一体的帮扶项目资产监管在线平台，构建"三位一体"治理机制，促进该平台成为管好帮扶项目资产、提升资产使用质效、夯实乡村振兴基础的有效载体。

一 案例背景

　　帮扶项目资产是发展农村经济、推进乡村振兴、实现共同富裕的重要物质基础，也是开展乡村治理的重要内容，更是当地群众关心和诉求的重要领域。近年来，旺苍县按照中央、省、市安排部署，梳理摸排帮扶项目资产使用管理关键环节。为有效破解帮扶项目资产使用质效低、运行风险高、监管难度大3类突出问题，旺苍紧抓帮扶项目资产使用管理关键环节，精准施策，积极探索，利用"互联网+"信息化方式，通过创新试点、探索实践，在旺苍县23个乡镇257个村（社区）探索构建集"专账'管'+精准'制'+靶向'治'"三位一体的帮扶项目资产监管机制和操作平台，成为管理盘活帮扶项目资产，夯实乡村振兴基础的有效载体。

 做法成效

（一）专账"管"，资产底数全面"归库"

旺苍县依托帮扶项目资产监管平台，破解管理难题，实现帮扶项目资产底数全面"归库"。**一是完善资产管理机制，严管"4个"关键卡口。**以帮扶项目资产监管平台为抓手，找准帮扶项目资产使用风险点和薄弱环节，建立完善"集体统＋资产清＋科技管＋集体议＋公开晒＋离任审"帮扶项目资产使用处置机制，严管帮扶项目资产使用管理底数不清、类别难明、产权模糊、责任缺位"4个"关键卡口，筑牢帮扶项目资产监管根基。**二是实行专财专款核算，联管"2类"责任主体。**在帮扶项目资产监管平台中分设村民委员会和村级集体经济组织账套，对于各级财政资金投入到村形成的帮扶项目资产交由村级集体经济组织负责管理核算，明确帮扶项目资产财务管理责任主体。按照"乡镇直管＋县农业农村局主管＋县纪委监委提级管"联合协作管理方式，对全县229个村级集体经济组织账套、257个村民委员会（社区）账套运行情况全覆盖联合

▲ 旺苍县帮扶项目资产监管平台

监管。通过平台建设，有效弥补帮扶项目资产"无人管、无力管、不敢管"等问题。**三是开展动态清查登记，统管"3本"底数台账。** 按照"部门指导、镇村实施、分类清查"原则，清查核实经营性资产、公益性资产、到户类资产"3本"台账，在平台中记录资产动态变化情况，实现帮扶项目资产"一本账"管理。全县共清查核实帮扶项目资产7 250宗、37.64亿元，实现帮扶项目资产底数全面"归库"。

（二）精准"制"，帮扶资金有序"入户"

旺苍县利用帮扶项目资产监管平台，精准解决"制约"资金高效使用难题。**一是肃清1张"关系网"，防制资金"垒大户"。** 通过平台对实施或使用帮扶项目资金的村（农户）进行在线统计分析，有效防止帮扶资金违规、多次投向某一主体，造成资金"垒大户"。平台显示项目资金"垒大户"警示后，按照"行业部门核实→移送纪委监委→线下调查复盘→启动问责程序"的联动协作机制，实现纪检监察"提级监督"。截至目前，通过平台预警先后发现问题线索16件，立案查处16人，追回帮扶项目资金97.58万元。**二是建好1本"明白账"，约制支付"打白条"。** 针对部分村帮扶项目资金支付程序不规范，存在报账资料不齐全、"打白条"支付等行为，在平台的资金管理模块中实行"村社申请→乡镇审核→在线支付→及时公开"操作流程，确保村干部"见账不见

▲ 旺苍县帮扶项目资产监管平台"7个"预警类别

钱"，形成"资金归户、权力规范、阳光公开"的资金"闭环"管理模式，避免滋生"微腐败"。截至目前，平台已在线上规范处理资金业务2.41万笔、资金2.44亿元。**三是砌牢1面"防护墙"，遏制补贴"虚冒领"。**针对部分基层干部以假冒认领等方式，违规获取或侵占帮扶资金等问题，依托平台设置对私转账、凭证不齐、"白条"、关键词支出等7个预警类别，按照风险等级实行红、黄、橙"三色"预警，确保监督嵌入资金使用全过程。2024年以来，旺苍通过"平台预警→线索报送→提级监督"方式，跟踪"虚冒领"帮扶资金线索5件，追回资金5.77万元。

（三）靶向"治"，资产质效平稳"提速"

旺苍县依托平台资产资源监管模块，对村级帮扶项目资产利用情况实行动态管理，全面摸清帮扶项目资产的存量、结构、分布及利用情况，按照"群众满意、分类治理、突出质效"总体思路，探索通过靶向"治"的方式，平稳提振帮扶项目资产质效。

一是"谋治"闲置资产，激活资产"经营权"。平台资产使用情况常态化调度分析发现五权镇双龙洞村1处集体房屋资产长期处于闲置状态，无业主经

▲ 旺苍县五权镇双龙洞村"土"特产品加工基地

营，更无资产收益。为充分盘活利用闲置资产，该村结合五权镇地属山区类型、"土"特产品资源丰富等因素积极谋划，利用帮扶资金改建"土"特产品加工厂240平方米，配套电商营销点，用于农产品收购、加工和"线上+线下"营销，仅2024年前三季度就带动该村集体经济增收25万余元，推动村强民富力聚，因地制宜激活帮扶项目资产的"经营权"。

二是"专治"经济合同，保障资产"收益权"。按照"群众表决→乡镇审核→公开公示→平台备案"流程，在平台中的"经济合同监管"模块对帮扶项目资产使用合同实行"一本账"监管。2024年以来，通过平台查询功能对帮扶项目资产发包、租赁等合同中的"超长期、超低价、拒履约"问题进行"专项"整治，排查出问题合同54份，移送问题线索3件，立案查处3人，帮助村级集体经济组织追回合同收益款15.39万元，切实守住了集体资产的"收益权"。

三是"集治"荒山资源，巩固资产"所有权"。在平台的"资源监管"模块中发现东河镇福临村1处集体闲置荒山资源，地块成片、相对集中。县级行业部门调度发现该情形后，及时将信息反馈给属地乡镇，乡镇督促该村紧抓九三学社中央帮扶和东西部协作契机，立足县域茶叶产业优势，开发利用集体

▲ 旺苍县东河镇福临村茶叶产业基地

荒山，建设茶叶基地230亩，年创收51.7万元，实现荒山变"金山"，近三年收入平均增长率1.67%。该村充分利用集体监管"资源"、利用"资源"优势，将村集体资源用于发展帮扶产业，切实保障帮扶项目资产"所有权"为全体村民享有。截至目前，全县高效管护公益性资产4 124宗，盘活利用经营性资产827宗、乡村土地资源2.32万亩，帮扶项目资产盘活利用率同比增长4.8%，充分巩固了帮扶项目资产的所有权、激活经营权、保障收益权，增强村集体的向心力和村民凝聚力。

 ## 三　经验启示

（一）科技"网管"——找准关键载体

利用"互联网+"手段，建立旺苍县帮扶项目资产监管平台，通过预警分析功能，实现帮扶项目资产在线管理。一方面，按照"部门主管+乡镇直管+村级主责"联合协作方式，强化县、乡、村一体推进，加强对帮扶项目资产的业务指导和日常监管；另一方面，当平台显示帮扶项目资产使用预警后，按照"行业监管+提级监督"方式，实现纪检监察"提级监督"目的，通过建立科学的监管平台和施行强硬的监管手段，达到规范资产管理目的。

（二）公开"晒经"——解锁关键密码

对帮扶项目资产使用处置的财务经济运行情况及时公开公示，通过公开"晒经"的方式，找准破解帮扶项目资产使用处置情况、基层财务运行情况存在的"不想公开、不敢公开、不能公开"等难题的密码，从而维护群众知情权、参与权和监督权，达到规范村级权力运行目的。

（三）分类"兜底"——提振关键质效

根据县域条件和自然资源特点，逐一梳理帮扶项目资产的属性、类别、现状和利用潜力，建立帮扶项目资产盘活利用任务清单，明确责任干部、使用内容、质效目标、工作时限等要求，分类推进"兜底"式治理方式，规范提振帮扶项目资产使用质效。

（四）制度"压舱"——保障关键要素

精准分析帮扶项目资产使用过程中的风险点、监管过程中的薄弱环节，因地制宜建立完善帮扶项目资产使用制度、处置制度和收益分配制度，从根本上遏制基层干部管"资产"、靠"资产"、吃"资产"等行为，避免群众和集体权益受损，实现帮扶项目资产长效治理。

四川泸定县：

坚持多方协同
形成帮扶项目资产管理新路径

摘 要 加强帮扶项目资产运行管护，构建长效管理机制，对于持续发挥联农带农成效至关重要。四川甘孜藏族自治州泸定县聚焦建立健全"资产家底清楚、类型界定合理、产权归属明晰、权利义务匹配、运营管护规范、监督管理有效"帮扶项目资产运行管理长效机制目标，针对帮扶项目资产管理中存在的堵点、难点问题，积极探索，创新开展帮扶项目资产清查、移交、确权和处置，按照经营性资产"四个一批"，公益性资产管护、维修、处置、核销等模式进行梳理核实，创新形成帮扶项目资产管理路径，为巩固拓展脱贫攻坚成果、推进乡村全面振兴提供坚实保障。

一 案例背景

四川省甘孜藏族自治州泸定县地处川西北生态经济区，汉藏彝交融结合带，是甘孜州"东大门"，曾经是全国"三区三州"和四川省"四大片区"88个贫困县（市、区）之一，于2017年在全自治州率先实现高质量"脱贫摘帽"，荣获四川省"2017年摘帽工作先进县"荣誉称号。全县辖8镇1乡、90个行政村，总人口8.62万人，有脱贫村34个，脱贫人口2 899户9 849人。党的十八大以来，围绕脱贫攻坚和巩固拓展脱贫攻坚成果同乡村振兴有效衔接工作，各级投入的各项财政资金达23.19亿元，形成帮扶项目资产1 440个，对改善泸定县基础设施和群众生产生活条件、促农增收发挥了重要作用。但从当前工作实践来看，帮扶项目资产管理中还不同程度存在管理主体不明确、日常监管不严格、后续管理不到位、长效机制不健全等问题。为加强帮扶项目资产管理，进一步"管好、用好"资产，盘活低效闲置资产，泸定县确定泸桥镇咱里村、兴隆镇和平村为试点村，并在省、自治州指导下积极开展帮扶资产管理试点工作。

 二 做法成效

（一）多方联动相互比对，形成资产清查路径

帮扶项目建设资金涉及专项资金、行业资金、社会帮扶资金等，项目实施方式涉及政府采购、公开招标、以工代赈等，项目资料涉及县、乡、村，针对资产清查点多面广的现状，泸定县创新开展帮扶项目资产管理试点工作，聚焦财政下达项目资金、发改下达立项批复、行政审批明确采购方式"三个环节"，抓实行业部门、乡（镇）实施项目"两方业主"，抓牢项目村组受益"一个主

▲ 泸桥镇咱里村游客中心

体"，由农牧牵头，财政、发改、行政审批、水利、交通等部门和乡镇多方联动，按照"自上而下、自下而上、结合实际、相互比对"分类清查资金、项目和资产，规范建立项目资产台账，基本实现了项目资产底数清、情况明。经过清查，泸桥镇咱里村共计形成资产27项，资产原值共5 328.18万元；兴隆镇和平村共计形成资产21项，资产原值共2 621.80万元。

（二）优化政策整合力量，形成资产管护路径

泸定县针对现有行业管理管护办法存在各行其是、融合度不高等问题，通过召开研讨会、现场办公会，将各方政策归纳梳理，结合实际形成《项目资产管理操作指南（试行）》。针对管护资金不足，特别是部分行业领域有管护办法、无管护资金的问题，充分利用行业配套管护资金、公益性资产维修基金、村级运维资金、抢险救灾资金等"四项资金保障"，同时整合现有公益岗位力量，明确管护范围、管护责任，做好日常管理维护。如泸定县乡村公路配套运维资金2 000元/（年·公里），设置县级公益资产维修资金100万元，落实村级运维费不少于5万元/（年·村）等。泸桥镇咱里村整合现有公益岗位力量，设8个保洁岗位，促进劳动力稳定就业。

▲ 咱里村资产管护人开展提灌站日常监测

（三）招引主体积极参与，形成高效运营路径

针对经营性资产专业性较强，村级技术支撑不足、经营管理能力较弱等问题，泸定县发挥经营性资产"四个一批"指引作用，以市场化为导向、联农带农为重点、因地制宜为基础，科学制定运营方案，引入有资质、有实力的市场主体进行专业经营，明确村委会产权主体管护责任，落实企业运营主体责任。如泸桥镇咱里村针对帮扶项目形成的游客中心、停车场、充电桩、房车露营基地等经营性资产，按照"先确权、后分类、再运营"的思路，完成资产清查分类确权，将停车场等资产确定为村集体经营性资产。突出资产运营，积极开展招商引资，成功引进甘孜藏族自治州文旅集团。政府、村集体、经营主体签订三方《经营合作协议》，将项目形成的经营性资产打包租赁给甘孜藏族自治州文旅集团，在甘孜藏族自治州文旅集团的专业化经营下，旅游中心年接待游客10万人次以上，运营状况良好，村集体稳定获得年固定收益24万元。同时，积极发挥联农带农作用，通过餐饮等服务，带动当地群众稳定增收。

▲ 泸桥镇咱里村伞岗坪318打卡点

（四）监察部门保驾护航，形成过程督导路径

针对部分干部对项目资产管理中涉及资产定损、处置、核销等方面心存

顾虑的问题，纪检、组织、审计等部门组建监督工作组，制定容错纠错、监督管理机制，鼓励各单位在政策落地落细上，结合实际大胆创新，在督导责任落实、工作落实的同时，按照"三个区分开来"，为担当作为、干事创业者保驾护航。兴隆镇和平村"两委"干部放下包袱启动司法程序，依法收回中藏药种植及民宿接待项目形成资产经营权并返还村集体和农户。

▲ 泸桥镇咱里村临湖民宿

 经验启示

（一）"多方联动、双向发力"是理清资产家底的关键

摸清帮扶项目资产底数是建立帮扶项目资产长效运营管理机制的基础，从资金下达、项目建设到资产确权、移交、运营，涉及多部门和多环节，理清难度高。泸定县的实践表明，财政下达项目资金、发改下达立项批复、行政审批开展集中采购"三个牵头"，行业部门、乡（镇）实施项目"两方业主"，村组项目收益"一个主体"是帮扶项目谋划、实施、受益的重要主体和关键环节，摸清帮扶项目资产底数，一定要抓住其主体责任，做到多方联动。"自上而下、自下而上、结合实际、相互对比"是切实理清帮扶项目资产的重要举措，一定要上下联动、双向发力。

（二）"整合力量、形成合力"是有效管护运营的关键

帮扶项目资产管理各级各行业高度重视，出台了不少"办法""指南"，但也存在少部分行业政策、管护办法各行其是、融合度不高的问题。泸定县的实践表明，要发挥县（市、区）党委、政府主体责任，将各方政策归纳整理，整合力量形成务实有用的"管理运营操作指南"，由"九龙吐水"变成"一个龙头出水"，形成合力。要发挥村"两委"直接组织群众、紧密联系群众优势，扎实开好村民（代表）大会，形成群众满意、利于操作的到村《村规民约》《管护制度》。

（三）"梳理关键、理清程序"是形成管理路径的关键

帮扶项目资产管理包含清查、移交、确权，经营性资产巩固一批、提升一批、盘活一批、调整一批，公益性资产管护、维修、处置、核销等重要环节，这些重要环节环环相扣、紧密相连。行业主管部门要发挥业务指导作用，将关键环节梳理贯通，形成"帮扶资产管理试点工作流程图"，做到责任清楚、任务清楚，进一步实现帮扶项目资产管理全过程可视、责任分工明、工作提效快。

（四）"明责明纪、容错纠错"是大胆推进工作的关键

帮扶项目资产管理责任重大，但是基层缺技术、缺人才、缺经营能力，导致出现经营性资产低效闲置、公益性资产管护不力等难题。为化解这些难题，一方面要明责明纪，明确帮扶项目资产管护主体和责任单位、责任人；加强债权管理，划出防风险红线，防止集体资产流失；明确民主议事、民主决策要求。另一方面要适当容错纠错，针对经营性资产盘活难、有失败风险，固定资产定损、处置、核销责任大导致干部有顾虑问题，要合理设置经营主体尽职调查、多方联合实地核查等工作机制，邀请纪检、审计等部门参与完善监督管理机制、容错纠错机制，按照"三个区分开来"，为担当作为、干事创业者保驾护航，才能让干部大胆推进工作。

陕西靖边县：

三级联动画好"资产像"
四种模式下好"盘活棋"

摘 要 近年来，陕西靖边县坚持将盘活低效闲置帮扶项目资产作为壮大集体经济、推进乡村全面振兴的重要抓手，县、镇、村三级联动，实行"一资产一方案"，探索形成"镇级统筹、村企联合、托管经营、企业租赁"四种模式，建立健全帮扶项目资产长效管护机制和风险预警机制，全力下好低效闲置帮扶项目资产提质提效"盘活棋"。

 案例背景

党的十八大以来，为改善脱贫（贫困）群众生产生活条件，靖边县实施了大量帮扶项目，形成了较多帮扶项目资产。由于生产规模有限、管理理念陈旧、技术资金支撑不力和市场竞争力弱等问题，导致相当数量的帮扶项目资产闲置或运行效率低下，有的甚至成为集体经济发展的负担。为确保资产持续发挥效益，靖边县针对以往单一资产盘活慢、效率低、容易再次闲置等问题，探索提出了"镇级统筹、村企联合、托管经营、企业租赁"四种模式连片盘活闲置低效资产的创新路径。同时，建立风险控制体系，确保资产持续稳定运营，减少再次闲置风险。经过三年建设，全县连片盘活闲置低效资产67个，共计

1 305万元，村集体收入年增加1 300多万元。

做法成效

（一）完善机制清底数

一是加强领导，完善机制。成立了由县委、县政府主要领导任组长，分管领导任副组长的工作领导小组，抽调相关部门、集体经济业务骨干组成帮扶资产后续管理团队。由农业农村部门牵头，统筹协调，各有关部门配合，分工负责，所有权单位具体执行，抓好落实，建立起一套横贯上下、联通左右的帮扶项目资产后续管理工作机制。**二是摸清底数，夯实基础**。出台《靖边县加强帮扶资产后续管理工作管理办法》等规范性文件，组织农业农村、财政、审计等部门，深入全县各镇，对脱贫攻坚以来形成的帮扶（扶贫）项目资产进行了逐一全面摸排，并分区域、分类型进行了登记归档，做到县不漏镇，镇不漏村，村不漏户，为做好帮扶项目资产管理夯实了基础。**三是三级联动，协同推进**。县、镇、村三级联动，县统筹、镇具体抓、村配合抓，共同推进帮扶项目资产的产权界定、台账管理、财务审计和后续运营等工作，构建了规范化、长效化的资产管理与处置体系，确保资产长期稳定发挥作用。

（二）制定方案抓盘活

针对帮扶项目资产低效闲置现状，靖边县坚持分类施策的原则，实行一个闲置资产一个盘活方案，实现帮扶项目资产有效利用、提质增效。**一是"镇级统筹"带着干**。对规模小、竞争力弱的资产，采取镇级统筹指导，成立镇级合作社，将各村闲置资产折算成股份，实行统一经营管理，坚持抱团发展，按股分红，降低运营成本，增强市场竞争力。例如，龙洲镇气候条件优越，小米品质上乘，村集体经济多以小米初加工来增加收入，但由于管理不善，导致资产闲置。2022年，龙洲镇依托"龙洲丹霞"自然资源，建设农文旅融合产业园，对闲置资产实行统一规划、合理利用，采取"乡镇+村集体经济+农户"的发展模式，有效激活全镇6个村9个闲置资产，资产的原始价值达到270万元。目前龙洲镇的小米种植面积扩展到1万亩，带动群众产业收入超过5 000万元，集体经济产值突破100万元。

▲ 龙洲镇小米产业园主要产品

二是"村企联合"合作干。对因资金、技术等因素造成闲置的帮扶项目资产，采取引进社会资本和龙头企业，依托其资金、人才、技术等优势，实行村企共建，合作共赢的利益联结机制。例如，席麻湾镇是传统养牛大镇，村集体经济以发展肉牛养殖为主，因养殖资金链短、技术含量低、经营不善等原因，一直处于亏损状态。2022年以来，席麻湾镇采取有力措施，引进龙头企业，将村集体资产折价入股，探索"企业＋村集体经济组织"模式，开展村企共建，联合经营，以"保底分红＋收益分红"的方式获取收益，实现村企双赢。通过推行该模式，全镇10头以上肉牛养殖户达130多户，户均年收入达到16万元以上，村集体经济每年增加收入突破30万元。累计增加分红收入109万元，先后盘活资产34个320万元。

三是"托管经营"帮着干。针对集中养殖成本高、收益低的养殖资产，推行托管经营，探索"村'两委'＋集体经济组织＋农户"合作模式，将牲畜托管给农户进行分散养殖，采取分期方式回收养殖成本和收益，确保农户既满足集

▲ 席麻湾镇村企联合经营养牛场

体需求又保留个人所得，从而有效激活资产。如红墩界镇采取"五户联保"机
制，村集体将1 050只羊崽委托给50户农户分散养殖，并与养殖农户签订养殖
合同，分五年进行偿还本金，同时收取10%的收益，全镇集体经济每年增收68
万元，农民年收入增加280万元，成功激活了17项存在闲置风险的帮扶资产，
资产原值达575万元。

▲ 靖边县陕北白绒山羊养殖场

四是"企业租赁"承包干。立足实际，将那些产业发展实力较弱的村集体经济，在政策上给予引导支持，通过租赁承包的方式，吸引企业入驻，将闲置低效的帮扶项目资产租赁给企业运营，帮助村集体获利。如中山涧镇将村集体固定资产和配套设施、设备以及部分基础母牛出租给企业，由企业独立经营管理，该模式有效激活全镇6个帮扶资产，资产原值达214万元，村集体年租赁收入增加96万元，带动养殖大户年均增收32万元。

▲ 中山涧镇镇级养牛示范园

（三）强化管理提质效

靖边县坚持政策引导、规范管理，实现帮扶项目资产提质增效，集体经济发展壮大。**一是强化监测提质效**。出台《关于加强帮扶项目资产后续管理实施意见》和《关于做好农村基础设施和公共服务设施后续管护工作的指导意见》2项帮扶资产管理指导意见，以及《靖边县农村供水工程管理办法》《靖边县农村通村公路养护管理暂行办法》等13个不同行业类别的帮扶项目资产管理办法，形成"2+13"的政策框架体系。运用全国防止返贫监测和衔接推进乡村振兴信息系统，线上对资产运营管护等情况开展常态化监测，执行每月调度和每季评估制度，实行帮扶项目资产"红黄蓝"三色预警管理。对带动效果不佳、资产闲置低效或经营亏损的帮扶项目资产，资产管理单位一个资产确定一个盘活方案，提交领导小组研究，并落实专人负责，明确时间表、路线图，因地制宜盘活处置，确保资产良性运行，持续发挥效益。**二是强化预警控风险。** 2023年以来，国内肉牛价格持续下行，及时发布了肉牛养殖风险预警，对已建成肉牛养殖厂严控规模，逐步降低存栏量；对正在建设的养殖场项目，在完成必要的基础设施后，叫停肉牛引进，鼓励引进社会资本完成后续投资；对计划新建的肉牛养殖项目，一律停止审批。截至目前，叫停肉牛养殖项目3个，减少闲置资产3个；减少存栏养殖规模500头，减少损失150多万元。

 ## 三 经验启示

（一）政策引导，科学规划，是下好帮扶项目资产"盘活棋"的前提

实践证明，发展壮大集体经济、盘活闲置资产关键在于政策支持和科学规划，没有强有力的政策支持，项目实施就失去方向和活力，没有科学的规划，资产盘活就没有了思路和目标，容易盲目跟风，造成资源浪费。只有在政策的正确引导下，通过科学的规划，才能确保帮扶资产长期稳定发挥作用。靖边县坚持将破解低效闲置资产难题作为壮大集体经济、增加农民收入的重要抓手，从项目的谋划、设计、论证到落地，进行全方位推进，全力下好资产"盘活棋"。

（二）因地制宜、分类指导，是下好帮扶项目资产"盘活棋"的突破口

实践证明，只有尊重农民意愿谋划项目、分区域分类型精准施策，才能使项目落地见效、富有生机，否则帮扶资产就失去了应有功效。靖边县坚持因地制宜、分类施策的原则，对资产进行"精准画像"，推行"一资产一方案"措施，采取"镇级统筹、村企共建、托管经营、企业租赁"等模式，壮大了集体经济，增加了农民收入，实现了资产提质增效。

（三）强化管理，注重实效，是下好帮扶项目资产"盘活棋"的落脚点

实践证明，管理是手段，实效是目标，只有精细化的管理，规范化的运营，才能使帮扶项目资产充满活力，富有长久高效的生命力。靖边县农业农村、财政、审计等部门协同推进，构建帮扶项目资产经营监管体系，实现资产动态管理，并实行"红黄蓝"三色预警管理，及时发现并解决资产运营中的问题，确保了资产良性运行。